海底捞VS呷哺呷哺

餐饮连锁企业经营模式的底层逻辑与扩张策略

龚其国　王丹◎著

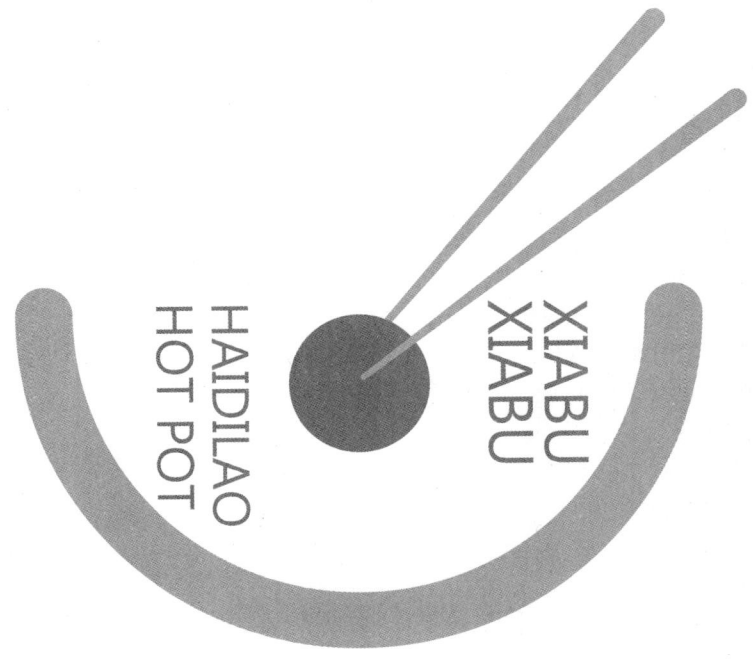

图书在版编目（CIP）数据

海底捞 VS 呷哺呷哺：餐饮连锁企业经营模式的底层逻辑与扩张策略 / 龚其国，王丹著． -- 北京：中国经济出版社，2022.3

ISBN 978 - 7 - 5136 - 6837 - 8

Ⅰ．①海… Ⅱ．①龚… ②王… Ⅲ．①饮食业—企业经营管理—管理模式—研究—中国 Ⅳ．①F726.93

中国版本图书馆 CIP 数据核字（2022）第 042411 号

责任编辑　贾轶杰
责任印制　马小宾
封面设计　久品轩

出版发行	中国经济出版社
印 刷 者	北京艾普海德印刷有限公司
经 销 者	各地新华书店
开　　本	710mm×1000mm　1/16
印　　张	15.25
字　　数	200 千字
版　　次	2022 年 3 月第 1 版
印　　次	2022 年 3 月第 1 次
定　　价	68.00 元

广告经营许可证　京西工商广字第 8179 号

中国经济出版社 网址 www.economyph.com 社址 北京市东城区安定门外大街 58 号 邮编 100011
本版图书如存在印装质量问题，请与本社销售中心联系调换（联系电话：010 - 57512564）

版权所有　盗版必究（举报电话：010 - 57512600）
国家版权局反盗版举报中心（举报电话：12390）　　服务热线：010 - 57512564

再版序

承蒙读者和出版社的厚爱，这本书得以再版。

本书的目的是让读者理解餐饮企业经营的内在逻辑，或者说就是企业经营的逻辑。笔者特别认同管理大师德鲁克的一句话：

生产不是将工具应用在材料上，而是将逻辑应用到工作上。

所以理解企业经营逻辑非常重要，如果没有正确的逻辑思维，你就可能选错了工具，或者选错了材料。对于海底捞和呷哺呷哺来说，这里的工具包括服务人员、餐厅、厨房、中央厨房等；材料包括各种菜品、小料、锅底、服务等。我们要用合适的服务人员、合理的餐厅选址和布置、合理的加工厨房、连锁餐饮的中央厨房等，来加工合适的菜品、小料、锅底，为顾客提供合适的服务。

由于没有真正理解经营逻辑，海底捞和呷哺呷哺一不小心就都搞错了，损失上百亿元！

海底捞在疫情期间，做出了错误的扩张战略。这里就存在工具选择的错误——错误的选址、不合适的服务人员，最后不能给顾客提供合适的服务，导致关店300多家。

呷哺呷哺希望通过提高餐饮品质来提升价格，获得更高的收入，这个想法看起来没错。但是战略的变化导致它的工具和材料都要发生彻底的改变，从而保证从工具到材料的逻辑一致性。结果最后证明其改变不伦不类，原有的工具、材料没有彻底改变，顾客不买账，因此也失败了，导致关店200多家，最终还要回到低价的策略。

面对经济的发展和市场形势的变化，企业家需要不断地创新，做出新的决策。大胆尝试是应该的，但是思考逻辑也是必不可少的，否则就是盲目的尝试，可能造成上百亿元的损失。

本书为了让读者真正明白餐饮企业的经营逻辑，通过几十个细节来一一对比分析。这些细节看似琐碎，但它们背后的逻辑是一以贯之的，如果你能真正理解本书的逻辑，就会发现这些细节串联起来，构筑了海底捞和呷哺呷哺的经营系统。如果能够做到这样，那么你才会真正明白本书的逻辑。

本次再版增加了第8章，详细阐述了导致海底捞和呷哺呷哺关店两三百家的原因，再次证明本书所讲的经营逻辑的正确性和重要性！

感谢您购买这本书！

希望这本书能够给您在企业经营方面带来宝贵的启示！

也祝愿您的企业发展取得成功！

龚其国
2021.12

序言1

成功的商业模式不唯一

很多读者都熟悉海底捞，市场上关于海底捞的图书也不少，海底捞不仅成了很多人的谈资，也成了很多企业学习的对象。但事实上，很多企业学习海底捞的方法是盲目的，甚至可以说是完全错误的。

呷哺呷哺是一家与海底捞截然相反的火锅企业，大家所津津乐道的海底捞服务在呷哺呷哺几乎完全没有，但是呷哺呷哺也发展得很好，并且已在香港上市。2016年4月底，由北京烹饪协会、北京市餐饮行业协会、北京老字号协会等联合主办的"2015年度北京餐饮十大品牌"等系列榜单揭晓，呷哺呷哺仅次于必胜客、肯德基和麦当劳，排名第四。要知道，1999年呷哺呷哺才在北京开第一家店，那为什么它能够发展如此迅速呢？

本书将从一个全新的视角呈现两家企业。当很多餐饮企业都在尽力学习海底捞时，呷哺呷哺却似乎反其道而行之。其实这没有什么奇怪的，奇怪的是我们很多企业当下的思维，只要行业里一家企业成功了，它成功的模式马上就会被效仿，进而导致行业同质化竞争激烈，最后大家的日子都不好过。其实更加良性的竞争应该是和竞争对手的市场定位不同，从而为顾客提供不一样的选择。

如果一家餐饮企业的定位和海底捞不同，学习海底捞的经营模式就是盲目的，很可能是错误的。因为海底捞的服务是建立在顾客愿意为此付高价的基础上的。如果一家企业想实行低成本战略，却要学习海底捞的服务，就会导致成本居高不下，低成本战略也会难以为继；或者导致服务质量低下，顾客满意度很低，难以赢得顾客的青睐。

从呷哺呷哺的成功我们可以看到，企业成功的模式并非唯一。以服务著称的海底捞可以成功，同样以低成本为战略的呷哺呷哺也可以成功。

当然，并不是企业只要定位和竞争对手不一样就可以成功，而是需要围绕自己的战略定位打造一个"完美"的系统，只有完美匹配战略定位的系统才能造就一个"完美"的企业。海底捞和呷哺呷哺打造了"完美"模式，所以它们都成功了。

序言2

系统决定成败——如何正确地做事

　　企业的战略定位就是要做正确的事：选好方向，找到自己的定位、自己的顾客群，依此建立自己的核心资源，建立完美系统来保证战略的执行。执行就是要正确地做事，只有用正确的方法做事情才能最终把事情做正确。本书通过对海底捞和呷哺呷哺两家企业详尽地对比，让读者理解当企业的战略定位不同，也就是所做的事情不同时，如何完美构筑完全不同的经营系统，保证用正确的方法把事情做正确，从而掌握经营企业的真谛。换句话说，任何一家优秀企业的做法，首先不是学不学得会的问题，而是是否符合自己的战略定位、是否值得学习的问题。如果搞不清楚自己的定位，不能根据定位来构筑自己的经营系统，那么一家企业的经营系统的各个部分之间就可能相互矛盾、互相掣肘，让管理者和员工无所适从。正如哈佛商学院教授斯金纳所说，一家企业不可能在所有方面都超过竞争对手。很多经验丰富的管理者都可能犯最基本的错误。

　　在哈佛商学院有两个著名的案例说明企业应该如何根据自己的战略定位构筑经营系统。

　　其中一个案例是肖尔代斯医院——加拿大一家很小的专科医院。它只做一种手术——疝气手术，疝气有两种，它只做其中一种。病人首先写信给这家医院索取表格，收到表格后填写自己的信息，特别是身体健康信息，医院收到填好的表格后根据病人的情况安排手术时间。手术时间一到，病人到医院住院，医院尽可能让来自同一个地点或者有相同职业的病人住在一个房间，这样便于交流。手术开始时需要麻醉，这家医院没有麻醉师，而是借用附近大医院的麻醉师。手术结束后，医院鼓励病人自己走回病房休息，并且鼓励病人多在医院外面走动，这样便于尽快康复。医生休息时也会在医院外面走动，尽可能多和病人交流；吃饭时，医生也和病人在一起交流，这样医生可以及时掌握病情并给予指导，让病人保持愉快的心情。其结果是在这家医院，病人的住院时间只有其他医院的一半，所花费用也只有大约一半，而病人的康复情况比其他医院好得多，复发概率比其他医院低得多。这家医院声名远播，很多美国人也到这家医院做手术。这家医院为什么这么成功？

另一个案例是密歇根制造公司，其下属有12家工厂，其中一家工厂叫庞蒂亚克，负责生产新试制产品和快退市产品。如果新试制产品销售情况好，就会转移到别的工厂生产。也就是说，庞蒂亚克工厂生产的产品种类繁多，但是每种产品的数量都很少，即多品种、小批量。其结果就是，庞蒂亚克工厂的运营费用比其他工厂高得多，而利润比其他工厂低得多，甚至没有利润。这样就导致这家工厂的员工待遇很差，公司领导也有意见，员工都想方设法跳槽到其他工厂，留下来的都是素质差的员工，使这家工厂的经营进一步恶化。那么，造成庞蒂亚克工厂现有局面的根本原因是什么？

这两个案例虽然一个在服务业，一个在制造业，而且案例中的主体所面临的局面天差地别，但其实它们所展现的逻辑却是一致的。肖尔代斯医院定位很专业化——两种疝气中的一种疝气手术，并围绕这个手术构筑了一个高效和谐的医疗系统，从而获得了好的结果。庞蒂亚克工厂定位小批量、多品种，和肖尔代斯医院的定位截然相反。公司应该正确认识这种定位所导致的结果，那就是小批量、多品种必然导致运营成本高。但是密歇根制造公司需要一个像庞蒂亚克这样的工厂，因为如果没有庞蒂亚克工厂,那么它生产的新试制产品和快退市的产品将转移到其他工厂生产,必然导致其他工厂生产的产品种类增多,运营成本提高。对密歇根制造公司来说,这么做是得不偿失的。为了使庞蒂亚克工厂更好地运转,需要其他工厂补偿庞蒂亚克工厂,从而构筑一个分工合作、相互补充的生产体系。

用对比的方法来阐述企业的经营策略,会让人印象深刻,并且很容易理解掌握,这在我们每个人的学习中应该都有体会。俗话说,不怕不识货,就怕货比货。"货比货"会让我们有参照物。本书所描述的两家企业——海底捞和呷哺呷哺,海底捞类似于庞蒂亚克工厂,而呷哺呷哺类似于肖尔代斯医院,它们的经营策略可以说是截然相反的。我们把两家企业看成一条线段的两个端点,海底捞代表了一个端点,而呷哺呷哺代表了另一个端点,这样我们就知道从一个端点到另一个端点的距离有多长,也就是它们之间的差别有多大。由此,我们可以知道当一家企业的战略定位介于海底捞和呷哺呷哺之间时,它应该处在这条线段的哪一点,这样就容易帮助我们的企业根据自己的战略定位打造自己的完美系统。

我们将从多个方面详尽地比较两家企业,并说明它们的不同之处与它们各自战略定位的关系,从而帮助管理者深刻理解如何围绕战略定位构筑自己的经营体系,而不是盲目地照搬其他企业的做法。我们的对比非常具体,甚至有一些是看起来微不足道的地方,但也正是因为这种详尽的比较,使读者更容易理解经营体系构筑之于战略定位的复杂性。换句话说,一个企业的战略定位不光从老总身上能看出来,甚至从一个普通员工每天做的简单工作中也可以看出来。正如平衡记分卡所强调的,一个好的战略需要和企业员工每天的行为联系起来,这样才能保证战略的实施。

前 言

本书用对比的方法详细剖析了海底捞与呷哺呷哺如何围绕自己的战略定位构筑自己的经营系统,形成自己独特的模式。企业的战略看起来简单,但要成功落地却不是一件容易的事,需要企业仔细设计每一个细节,这些细节相互连接,相互支撑,形成一个环环相扣的系统。整个系统只有像机器齿轮一样相互咬合,高效运转,才能发挥最大的能量,形成企业的竞争力。我们往往说细节决定成败,其实是因为如果某一个细节出了问题,就会引起一连串的问题,破坏了系统的完整性和严密性。而之所以会发生这样的情况,就在于细节本身没有设计好,不符合系统的要求,与其他细节不协调,导致整个系统无法高效运转。所以说细节决定成败,是因为系统决定成败。

本书旨在帮助从事餐饮行业的工作人员。通过阅读本书,你可以了解不同餐饮企业设计不同细节的底层逻辑,比如说呷哺呷哺为何要采用吧台式的餐桌布置;也可以判断一家餐饮企业的某一个做法是否正确,应该如何改善,进而能够更好地改进自己的工作。

本书不仅可以指导餐饮企业,还可以帮助其他行业的管理者。餐饮企业的门店看似简单,但是"麻雀虽小,五脏俱全"。不管什么企业,可能管理模式不同,其分析模式应用的规律却都是一样的。正如海底捞和呷哺呷哺一样，这两家企业的做法可以说完全相反，但是用于分析它们的规律都是一样的。

除了笔者自己实地考察和查阅的大量资料外，中国科学院大学经管学院的MBA学生也为本书的写作提供了大量的素材，在此向他们表示感谢。

龚其国
gongqg@ucas.ac.cn

目 录

再版序 …………………………………………………… 001
序言1：成功的商业模式不唯一 …………………………… 003
序言2：系统决定成败——如何正确地做事 ……………… 005
前言 ……………………………………………………… 001

第1章 企业运营定律：
利特尔法则与变动性法则

1. 利特尔法则 ……………………………………………… 003
   什么是利特尔法则 ……………………………………… 003
   成本节约几十亿美元 …………………………………… 004
   一只鸡可以多下一倍的蛋吗 …………………………… 006
   关于库存，真有那么可怕吗 …………………………… 007
2. 木桶原理 VS 变动短板原理 …………………………… 010
   木桶原理：解决复杂问题的简单原理 ………………… 010
   突破思维的盲点，正确理解木桶原理 ………………… 010
   变动短板原理 …………………………………………… 013

变动短板原理应用 ··· 018

第 2 章　核心战略：
海底捞的主动服务战略 VS 呷哺呷哺的低成本战略

1. 海底捞的主动服务战略 ··· 025
　　不以"吃"为唯一特色的火锅店——海底捞 ············· 025
　　海底捞专注差异化——主动服务 ····························· 026
　　菜品差异化 ·· 028
　　环境差异化 ·· 029
　　服务差异化 ·· 029

2. 呷哺呷哺的低成本战略 ··· 033
　　港交所"火锅第一股"——呷哺呷哺 ······················· 033
　　低成本战略的关键是标准化，消除每一块木板的变动 ········· 035
　　一天卖不出 3 锅火锅 VS 6 天开一家新店 ··············· 038
　　标准化让呷哺呷哺如虎添翼 ···································· 039

3. 控制好顾客用餐时间 ··· 041
　　海底捞：让顾客多待一点时间 ································ 042
　　呷哺呷哺：来去匆匆 ·· 044

4. 摸准自己的短板 ··· 048
　　海底捞的核心资源——员工，移动的短板 ············· 048
　　呷哺呷哺的核心资源——标准化流程，没有短板 ········· 053

5. 门店选址策略 ··· 055
　　海底捞选址重人气 ·· 057
　　呷哺呷哺选址重人流 ·· 058
　　海底捞单店面积大，店面数量少 ···························· 059
　　呷哺呷哺单店面积小，店面数量多 ························ 061

6. 顾客群定位 ··· 063
  海底捞的顾客群体选择：休闲享受 ····································· 063
  呷哺呷哺的顾客群体选择：吃饱 ·· 064
  海底捞与呷哺呷哺比较 ··· 064

7. 定价策略 ··· 068
  海底捞的高价策略 ·· 068
  呷哺呷哺低价策略 ·· 069

第 3 章　品牌定位：
海底捞适合休闲，呷哺呷哺是快餐店

1. 后厨功能 ··· 073
  海底捞后厨：功能多，空间大 ··· 074
  呷哺呷哺后厨：简单紧凑 ·· 078

2. 餐台布置 ··· 079
  海底捞的传统布局 ·· 079
  呷哺呷哺的 U 型餐台 ··· 080

3. 用餐空间 ··· 084
  海底捞的顾客用餐空间：富余宽敞 ································· 084
  呷哺呷哺的顾客用餐空间：一个屁股的面积 ················· 086

4. 等候空间 ··· 089
  海底捞的等候空间：宽敞舒适 ·· 089
  呷哺呷哺等候空间：狭小边角 ·· 092
  海底捞与呷哺呷哺数据对比 ·· 093

5. 用餐环境 ··· 096
  典雅静谧的海底捞 ·· 098
  呷哺呷哺为什么不适合等人 ·· 098

6. 空间分配 ·································· 101
  "奢侈"的海底捞空间 ····················· 101
  呷哺呷哺"节省"空间 ····················· 103

第4章 经营哲学：
服务多样化的海底捞 VS 流程标准化的呷哺呷哺

1. 菜品设计 ·································· 109
  品类繁多的海底捞菜单 ···················· 109
  以套餐为主的呷哺呷哺菜单 ················ 111
  海底捞的小料：体现"变化"的本质 ········ 112
  呷哺呷哺的麻酱包：标准、快速的典范 ······ 115
  海底捞琳琅满目的酒水 ···················· 116
  呷哺呷哺的饮料种类单一 ·················· 118

2. 服务种类 ·································· 120
  海底捞服务种类：多样化 ·················· 120
  呷哺呷哺服务种类：单一化、标准化 ········ 124
  海底捞：有求必应——以服务赢得市场 ······ 128
  呷哺呷哺：多余服务难响应 ················ 130

3. 服务细节 ·································· 132
  海底捞精致易碎的餐具 ···················· 132
  呷哺呷哺简单结实的餐具 ·················· 133
  海底捞：征服是从卫生间开始的 ············ 135
  没有卫生间的呷哺呷哺 ···················· 136
  海底捞：用不完的热毛巾 ·················· 137
  呷哺呷哺：一张纸巾的意义 ················ 139

4. 服务员配置 ·· 142
　　海底捞的服务员需求量：超级多 ······························ 143
　　呷哺呷哺的服务员需求量：尽量少 ···························· 144
　　海底捞的服务员："忙里有闲" ································· 146
　　呷哺呷哺的服务员：旋转的陀螺 ······························ 147

5. 服务流程设计 ··· 149
　　永和大王点餐方式的变化 ······································ 149
　　海底捞——现代化点餐方式 ···································· 150
　　呷哺呷哺——传统点餐方式 ···································· 151
　　海底捞：带着最后甜蜜离店——餐后买单 ···················· 152
　　呷哺呷哺：提高翻台率——餐前买单 ·························· 153
　　海底捞的交接班：千言万语难说尽 ···························· 156
　　呷哺呷哺交接班：简洁明了易上手 ···························· 158

6. 系统设计 ·· 160
　　好的战略要落实到执行层面 ···································· 160
　　海底捞与呷哺呷哺的运营对比 ································· 161
　　呷哺呷哺围绕低成本战略的运营细节 ·························· 162

第 5 章　数据回报：
"库存"充足的海底捞 VS "赶人"的呷哺呷哺

1. 高翻台率 ··· 165
　　影响翻台率的三大因素 ··· 165
　　"不赶人"的海底捞——让人羡慕的翻台率 ···················· 166
　　"赶人"的呷哺呷哺：火锅颠覆者，超高翻台率怎么做到 ······ 167

2. 高收入 ·· 171
　　海底捞收入高，因为价格高 ···································· 171

呷哺呷哺收入高，因为人流多 …………………………… 172

海底捞与呷哺呷哺比较 ………………………………… 173

3. 简单的结果 …………………………………………………… 176

第6章 "互联网+餐饮"：
餐饮业的未来方向

1. 门店与送餐：聚客 VS 散客 ………………………………… 180

传统餐饮——聚客 ……………………………………… 180

互联网餐饮——散客 …………………………………… 180

2. 核心卖点：服务 VS 火锅 …………………………………… 181

海底捞外卖的是服务 …………………………………… 181

呷哺呷哺外卖的是火锅 ………………………………… 182

3. 配送范围：大 VS 小 ………………………………………… 183

海底捞配送范围可以大一些 …………………………… 183

呷哺呷哺配送范围必须小 ……………………………… 183

4. 配送成本：高 VS 低 ………………………………………… 185

海底捞配送成本可以高一些 …………………………… 185

呷哺呷哺配送成本必须低 ……………………………… 186

5. 配送模式：自营 VS 外包 …………………………………… 187

海底捞自己做配送 ……………………………………… 187

呷哺呷哺配送外包 ……………………………………… 187

6. "互联网+"：数据是关键 …………………………………… 188

"互联网+"不一定赚钱 ………………………………… 188

"互联网+"的数据很重要 ……………………………… 188

第 7 章
火锅企业能教会你什么

1. 现代餐饮业首先是工业,其次才是服务业 ········· 191
2. 减少变动性措施 ········· 192
   - 呷哺呷哺的合并分析 ········· 192
   - 海底捞的合并分析 ········· 193
3. 火锅王国的麦当劳与汉堡王 ········· 195
   - 麦当劳:标准化 ········· 195
   - 汉堡王:个性化 ········· 196

第 8 章 百亿教训:
餐饮连锁企业如何制定扩张策略

1. 海底捞关店 300 家,呷哺呷哺关店 200 家 ········· 201
2. 企业家知其成功,不知其所以成功 ········· 203
   - 海底捞的核心资源是员工 ········· 203
   - 呷哺呷哺的核心资源是标准化流程 ········· 204
3. 海底捞的服务员主要是筛选出来的 ········· 205
4. 餐饮的黏性与选址扩张 ········· 207
5. 面对竞争,海底捞、呷哺呷哺应该改变战略吗 ········· 209
   - 海底捞拼菜品,呷哺呷哺转型"轻正餐" ········· 209
   - 改变战略需要改变整个运营系统 ········· 210
   - 面对激烈竞争,呷哺呷哺该何去何从 ········· 211
6. 运营逻辑终不变,以凑凑为例 ········· 213
   - 呷哺呷哺的高端品牌——凑凑 ········· 213

参考文献 ········· 216

| 第 1 章 |
企业运营定律

利特尔法则

与

变动性法则

1. 利特尔法则

什么是利特尔法则

利特尔法则由麻省理工学院斯隆管理学院的教授利特尔于1961年提出并证明。它是一个有关提前期与在制品关系的简单数学公式，这一法则为企业运营的改善指明了道路。它诞生之初，更多地被应用于制造业；而今，利特尔法则已经脱离了最初的使用局限，并且可以毫不夸张地说，如果能将利特尔法则运用得炉火纯青，那么一家企业发展壮大便指日可待。

$$库存 = 输出率 \times 周转时间$$

▶ **利特尔法则是强化执行力的有效工具**

要素一：库存——在流程中的所有流程单元。

所谓流程单元是指在流程中被加工的产品或被服务的顾客，以及处理的信息、流动的资金。流程单元进入流程后，经过一段时间最终会离开流程，因此在任何时刻，都有一定数量的流程单元在流程中。我们把在流程中的流程单元称作"库存"。库存包括流程内在所有工序被加工和服务的流程单元，以及在所有缓冲区等待加工和服务的流程单元。

要素二：输出率——单位时间内所有离开流程的流程单元数。

要素三：周转时间——流程单元在流程中所经历的平均时间。

如果流程单元是人——比如医院的病人——他一定关心自己在医院所花的时间，病人总是希望所花的时间越短越好。如果流程单元是产品，由于产品占用资金，所占用的资金有时间成本，比如利息，所以对管理者来说，产品在流程中的时间越短越好。

一个流程单元从进入流程到离开流程平均所花的时间称作"周转时间"。这个时间包括流程单元在各个工序被加工或服务的时间，以及在各个缓冲区等待的时间。

数据最有说服力，为了更加便于理解利特尔法则，接下来将通过事例对其进行阐述。

成本节约几十亿美元

作为企业的管理者，最关心的归根结底还是利润。利特尔法则的展开是和企业的成本、利润等要素息息相关的。如能围绕这个公式的三要素展开企业相应的经营活动，那么，或许最后的结果会让人眼前一亮。

利特尔法则只涉及了三个要素，但这些要素涉及了经营的方方面面，它能为企业改善指明方向。为了更形象地说明这个法则的重要性，以凯马特及超市霸主沃尔玛对比为例，可知利特尔法则对企业利润有着让人震惊的改善和提升作用（见表1-1）。

表1-1 凯马特与沃尔玛利润对比　　　　　　　　　　单位：亿美元

	年份	1998	1999	2000	2001	2002
凯马特	库存	63.76	65.36	63.50	57.96	48.25
	总运营收入	336.74	359.25	370.28	361.51	307.62
	售出产品的成本	263.19	281.61	297.32	298.53	262.58
	净收入	5.18	3.64	2.68	24.46	32.19

续表

年份		1998	1999	2000	2001	2002
沃尔玛	库存	164.97	170.76	197.93	216.44	227.49
	净销售额	1179.58	1376.34	1650.13	1913.29	2177.99
	总运营收入	1192.99	1392.08	1668.09	1932.95	2198.12
	售出产品的成本	934.38	1087.25	1296.64	1502.55	1715.62
	净收入	35.26	44.30	53.77	62.95	66.71

首先我们来分析凯马特，由表1-1可知：

2002年，单位时间产出＝售出产品的成本＝262.58亿美元/年，库存＝48.25亿美元。

因此，我们可以通过利特尔法则计算出流程时间：

凯马特周转时间＝库存÷销售率

$$=48.25 \text{亿美元} \div 262.58 \text{亿美元/年}$$

$$\approx 0.18 \text{年} \approx 67 \text{天}$$

同理，在沃尔玛的运营系统中：

2002年，单位时间产出＝售出产品的成本＝1715.62亿美元/年，库存＝227.49亿美元。

沃尔玛的周转时间＝227.49亿美元÷1715.62亿美元/年

$$\approx 0.13 \text{年} \approx 48.4 \text{天}$$

凯马特的库存周转次数＝365天/年÷67天/次

$$\approx 5.44 \text{次/年}$$

沃尔玛的库存周转次数＝365天/年÷48.4天/次

$$\approx 7.54 \text{次/年}$$

假设年持有成本百分比是30%，凯马特一年产品库存持有成本百分比＝30%÷5.44＝5.51%。

沃尔玛一年产品库存持有成本百分比＝30%÷7.54≈3.98%。

沃尔玛节省的一年产品库存持有成本百分比＝5.51%－3.98%≈1.5%。

沃尔玛节省的库存持有成本＝4000亿美元×1.5%＝60亿美元。

沃尔玛一年库存周转次数约为 7.54 次，周转天数约为 48 天，因此库存成本一年节约 60 亿美元。当然，要做到缩短周转时间、加快周转次数，并不是字面看到的这么简单，而是需要采取一系列相关措施。例如，沃尔玛构建了庞大先进的信息系统，能够使整个供应链反应敏捷，从而达到加快周转、减少库存的目的。

▶ 利特尔法则是强化执行力的有效工具

60 亿美元是一个什么概念呢？在 2015 年世界 500 强企业中，排名第 500 位的武汉钢铁（集团）公司的年利润是 5.45 亿美元，那么，沃尔玛一年因库存改善节约的成本就相当于武汉钢铁（集团）公司全年利润的 12 倍，这是一个可观的数字。虽然利特尔法则只涉及了 3 个要素，但是由此衍生出来的可供企业改进的方向及采用的方法却是无限多且有章可循的。因此，作为一个企业管理者，真的有必要对简单的东西进行深入发掘。

一只鸡可以多下一倍的蛋吗

常识告诉我们，正常情况下，一只鸡一天只能下一只蛋。由此联想，通常情况下，在便利店有限的店面空间内让正常利润翻番是非常困难的，但也并非不可能。

凡是有开店经历的人都知道，租金是一个不可忽视的要素，寸土寸金。同样的店面，因地理位置的差异就可能差出两倍的租金，如果要盈利，就需要两倍的销售额。如何做到？利特尔法则是利器：

$$库存 = 销售率 \times 周转时间$$

同样的店面，意味着店里的库存数量是相同的，即使不同，差别也不会太大。那么要获得两倍的销售率，就需要把周转时间缩短到以前的一半。

同样的库存＝两倍销售率×一半周转时间

同样的库存＝2×销售率×0.5×周转时间

同理，任何一家企业的资源也是有限的。在红海般的商业竞争中，靠单纯提价已经不可能维持企业发展了。如果从利特尔法则的角度来考虑，就需要提高销售率，缩短周转时间，从而达到减少库存的目的。库存是什么？库存不单单是企业产品、货物的堆积，更是一个企业资产的减值，占用企业有限现金流资源，成为企业发展的累赘。

关于库存，真有那么可怕吗

为什么要如此强调库存呢？库存真的就那么可怕吗？

库存是为了满足未来需要而暂时闲置的资源，人、财、物、信息各方面的资源都有库存问题。库存可以分为两类：一类是生产库存，即直接消耗物资的基层企业、事业的库存物资，它是为了保证企业、事业单位所消耗的物资能够不间断地供应而储存的；另一类是流通库存，即生产企业的成品库存、生产主管部门的库存和各级物资主管部门的库存。

由于销售预测不准确、库存管理技术落后、策略失误、流动资产利用率低下等原因，为了保障准时生产，很多企业都存在库存量过高的问题。

随库存量增加而导致一系列费用上升，如图1-1所示。

库存管理得好，可以造就一个神话般的企业，如一直执行"零库存"的丰田；库存管理不好，可以压垮一个企业，如中国众多的服装企业。

雅戈尔曾经因为货物堆积耗用大量资金一度陷入困境，类似的服装企业还有李宁、安踏等。究竟库存是如何给一个企业造成如此大的困扰的？且来看看从利特尔法则角度进行的剖析。

库存＝销售率×周转时间

公式虽然简单，但可以从中发现雅戈尔面临的问题。从公式来看，如

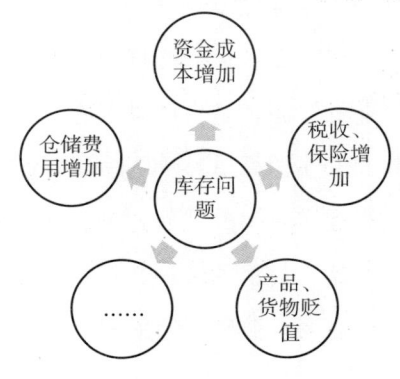

图1-1 库存问题

果保持销售率不变,库存和周转时间是同倍增加的。也就是说,如果周转时间长,要达到同样的销售率所需要的库存就多;反之,如果周转时间变短,达到同样销售率所需要的库存就变少。

假定雅戈尔每年的销售额是100亿元,每件衣服的平均周转时间是3个月,那么雅戈尔一年的平均库存计算如下:

$$库存 = (100亿元 \div 12个月) \times 3个月 = 25亿元$$

如果雅戈尔把衣服的周转时间缩短,比如缩短为2个月,而销售额保持不变,雅戈尔一年的平均库存计算如下:

$$库存 = (100亿元 \div 12个月) \times 2个月 = 16.67亿元$$

通过对周转率的调节,雅戈尔一年可以节省8.33亿元库存成本,就可以转换为8.33亿元流动资金,这也就意味着利润的增加。

面对需求多元化、竞争白热化的市场,想以降低产品质量的方式来节约成本是不可取的;如果一味以低价来吸引顾客也是自取灭亡,是不可持续的。

关于周转率的问题,说到底就是关于速度的问题,只要速度够快,周转率自然就提高了。

提高周转率有不同的方式:西班牙的服装企业ZARA用修建专道的方法来提速;国内京东同样以速度闻名,与ZARA不同,它是以尽量多设置配送点增加库存的方法来提速。对于后者，至少从利特尔法则的角度来看是不可取的，设置过多的配送点就意味着满足同一区域需求时库存的增加。

关于沃尔玛和凯马特、雅戈尔的例子仅仅是利特尔法则一个小小作用的体现。从火锅店的经营入手，以利特尔法则为基准，涉及经营的方方面面，您不妨尝试着用本书的方法来对企业经营进行改善。

2. 木桶原理 VS 变动短板原理

木桶原理：解决复杂问题的简单原理

▶ **木桶有一块短板，其他的板再长也没有用**

这是一个为人熟知的原理，一个木桶由许多块木板组成，如果组成木桶的木板长短不一，那么木桶的最大盛水量取决于最短的那块木板。

木桶原理也常被称作"瓶颈法则"，也就是说瓶子往外倒水的速度取决于瓶子最细的地方，也就是瓶颈处。

突破思维的盲点，正确理解木桶原理

了解木桶理论，并不一定意味着可以正确应用木桶理论。

▶ **短板与长板，正确应用木桶理论**

有这样一个笑话：一个秀才偶然得到一副象牙筷，他觉得这筷子太上档次了，绝对不能配普通的陶瓷碗，于是又花钱造了个玉碗。造了玉碗后，秀才右手执象牙筷，左手捧玉碗进食，听丁零之声不绝于耳，心情甚慰。可几日后又觉得家中木桌配合二物进食不伦不类，于是又借钱从大理运来大理石桌……几番折腾后，家境富裕的秀才已经穷困潦倒，只能白日拿玉碗沿街乞讨，夜晚睡大理石桌度日。

这看起来是一个荒唐的故事，很多人认为秀才应用了木桶的短板理论，不断地消除自己的短板，到最后却把自己推到了绝望的境地。

其实这个故事正说明秀才没有用好木桶理论，木桶理论是说木桶有一块短板，其他木板都比短板长，所以需要把短板补起来。而且补短板也是要讲方法和条件的。如果资源丰富，直接把短板加长就好了；如果没有资源，只好把其他长的木板截取一点加到短板上，这样使得所有木板一样长。这样做，虽然长板变短了，但是短板也变长了，所以木桶装水就比以前存在一块短板时装得多了。秀才在得到象牙筷子时，只有象牙筷子是长板，其他都是短板，而且他的资源不足以把其他短板加长，所以他的正确决策是放弃象牙筷子这块长板，而不是硬着头皮把其他板加长。

▶ 盲目加长一块板不是木桶理论的错

A 企业是一个区域性的方便面企业，其大分量、重口味的品牌方便面在该区域市场相当热销，在 2002 年之前，该品牌是该区域当之无愧的方便面老大。当时方便面行业的平均销售利润不到 2%，而该品牌甚至达到 5% 的销售利润，可谓前景无限。然而 2002 年之后，该企业着手进军全国市场，追求利润最大化，补足其渠道区域化的短板。

很快，其产品分销到全国，随着产品分销渠道的建立，企业投巨资在卫视上砸广告。然而其产品口味在全国大部分城市都不适合青少年群体食用，于是企业通过调研，再度开发了几个新品，并随着新品上市加大宣传力度。方便面市场竞争何其激烈，加上企业广告策略有误，人才严重缺乏，一年下去，企业亏损了近 3000 万元，老本砸进去不说，还荒废了本地市场，造成本地市场严重萎缩。

A 企业也没有正确应用木桶理论，木桶理论说木桶装多少水是由短板决定的。如果把每一块木板看作企业的某一方面能力，则 A 企业现有的能力只能做一个局部市场，做这个局部市场时 A 企业是没有短板的。但是

A企业希望把木桶做大,因此先把渠道这块木板加长,那么其他木板都成了短板。和秀才一样,A企业需要有足够的资源才能把所有的木板加长。

如图1-2所示,左边的图有一块短板,所以木桶的水平只能装到短板处;右边的图除了一块木板,其他木板都很短,所以这块单独的长板也是没用的,因此企业不能盲目加长某一块板。

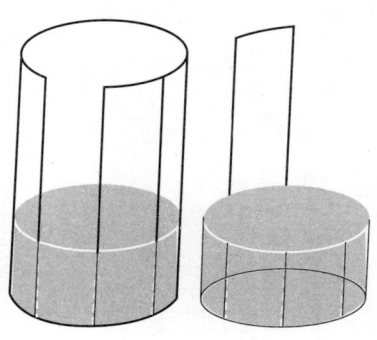

图1-2　木桶理论之一

▶ 把木桶所有的木板一同拉长

格兰仕集团创建于1992年,当年,格兰仕集团引进日本东芝微波炉生产线,在半年内建成投产。在20世纪90年代初期,格兰仕品牌知名度较小,渠道也在建设当中,广告投入微乎其微,但其唯一也是最大的优势是:格兰仕在微波炉市场上有很大的成本优势。格兰仕利用OEM搬来的设备,大批量生产、低劳动成本、大的管理跨度、采购垄断等,在很长时间内获得成本优势。

格兰仕抓住自己的长板——价格优势,通过价格战迅速占领市场。价格不降则已,要降就要比别人低30%,这种挤压手段能迅速将规模较小的竞争对手淘汰出局。格兰仕也因此得到"价格屠夫"的称号。

十多年时间里,格兰仕的生产规模不断扩大。2002年,格兰仕销售收入达到85亿元,并形成1500万台微波炉的年产能,全球微波炉市场份额占到35%。

格兰仕的做法看起来是把自己的价格优势这块长板不断拉长,从而保住优势。其实正确理解木桶理论应该是,格兰仕为了装下价格优势这个水池中更多的水,需要围绕价格优势来建设企业其他方面的能力,不能存在能力短板,比如设计、生产、销售等,任何一个环节的能力都不能薄弱,不让任何一个环节成为短板。要持续保持价格优势,就要不断地回应市场竞争,不断地把所有木板加长,从而始终保持价格优势,如图1-3所示。

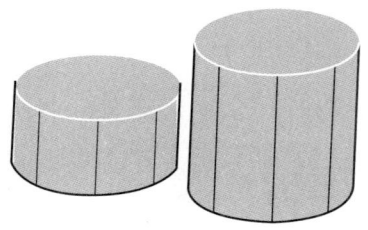

图1-3 木桶理论之二

变动短板原理

▶ 木桶理论中的短板是固定的

木桶法则中的短板往往是固定不动的,所以我们很容易发现短板在哪里,因此也容易把这个短板加长。

▶ 木桶的每一块板都可能成为短板

我们假设有一种奇怪的现象,就是木桶的每一块板都可能变短,而且变短的时间都很短暂,任何时刻都只有一块板变短。

如图1-4所示,木桶的短板发生了变化,但是不管短板在哪里,这块短板都决定了木桶能够装多少水。看到这里很多人会觉得奇怪,这和之前

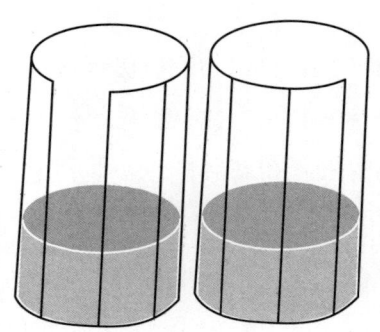

图1-4　木桶理论之三

的木桶原理有什么不一样吗？

初看确实一样，就好像把木桶转一下，短板移动了位置。但是我们知道木桶原理是用来分析企业管理中的现象的，木桶的每一块板都可以看作我们工作时组成的团队中的一员，团队中任何一个成员变成短板，都会影响团队效率。应用木桶原理，如果我们发现某个成员是团队中的短板，要么我们换了这个成员，要么用其他方法把这个短板补长，从而提高团队效率。但是在工作中我们经常遇到却往往容易忽视的现象就是，团队中每个人看起来都不是短板，每个人的平均能力都差不多，可是在不同的情况下，总有那么一个成员出问题，不是这个，就是那个。出问题的那个人就成了短板，只是这是临时的，短板并不是固定在一个特定成员上，而是每个人在不同时候都可能成为短板。应用木桶原理，只要存在短板，不管这个短板在哪里，都会影响效率。

▶ **此时的短板不能用彼时的长板补**

有的人可能会问，即使我作为团队中的一员，偶尔成为短板，可是有些时候我还是团队中的长板，比其他人效率还高呢，平均下来不是也差不多吗？

如图1-5所示，其中一块木板在左边是短板，在右边却变成了长板，

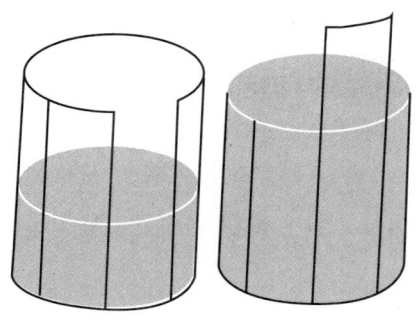

图 1-5　木桶理论之四

但是这块板在左边成为短板时决定了木桶装多少水，在右边成为长板时却不能决定木桶装多少水，而是由其他短板决定木桶装多少水。换句话说，变成长板不能弥补变成短板时所带来的损失。

▶ 流程中的变动性导致短板，流程效率降低

对于在团队工作中，或者在一个流程工作中，某个团队成员或者流程中某个环节偶尔效率低、偶尔又效率高的现象，我们称为"变动性"。

所谓变动性就是，我们每天做的很多事情都在变化：比如一个商店每天卖出去的商品数量是在变化的；我们每天做的事情不一样，今天做一件事情，明天做另一件不同的事情；做同一件事情的时间会存在变化，如医生看第一个病人花 5 分钟，第二个病人花 4 分钟，第三个病人花 8 分钟。

病人在看病的流程中，要经历好几个环节，各个环节之间是相互影响的。比如一个病人看医生的时间太长，用了 8 分钟，这时候看医生这个环节就成了看病流程中效率最慢的环节，那么后面的环节，如检查环节就可能要等待这个病人，而检查等待的时间也就变成了空闲时间。这部分时间并不能在后面弥补回来，因为时间一去不返了，这就导致后面环节的效率也降低了。所以木桶的任何一块木板都会影响其他木板的容量，同样，流程中任何一个环节也会影响其他环节的效率。

总之，流程中不同环节的效率变化会降低整个流程的效率。

▶ 变动性越大，流程的效率越低

假设一个医生给每个病人看病的时间相对变化不大，如图1-6中左图所示；而另一个医生给每个病人看病的时间相对变化大，如图1-6中右图所示。

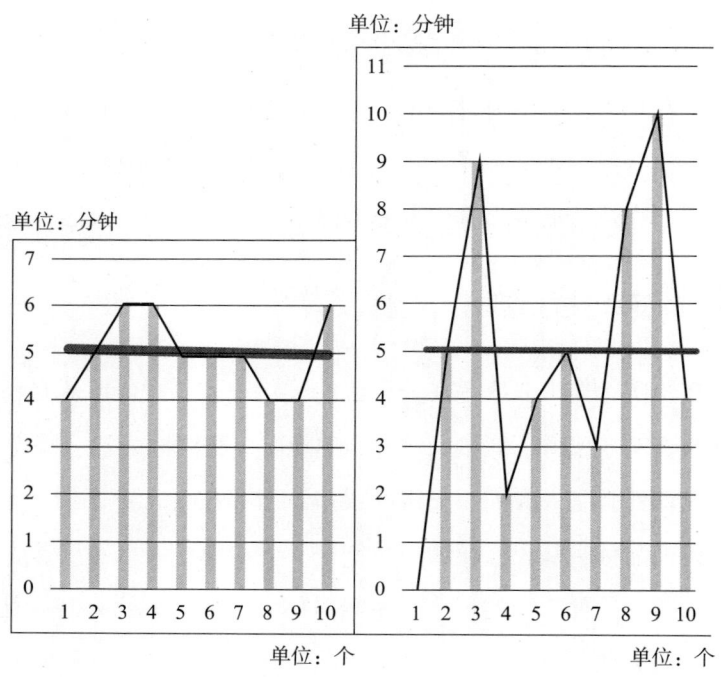

图1-6 医生看病时间对比

虽然两个医生给每个病人看病的平均时间都是5分钟，如图1-6中的粗横线所示，但是左边的图是从4~6变化，而右边的图是从0~10变化。很显然，如果在4~6变化，短板是6，长板是4；如果在0~10变化，虽然长板变成了0，但是短板却变成了10。我们看，4~6与0~10的平均值都是5，但是0和10之间的短板却比4和6之间的短板要小得多。因此虽然均值相同，但是在0和10之间变化的流程比在4和6之间变化的流程效率低。

▶ 变动导致短板

变动性法则中"瓶颈"在流程中是变动的。由此我们可以总结出,变动性导致效率降低的原因就是在流程中始终有一块短板,不过这个短板在流程中是不断变动的,并不像木桶理论中那样固定在某处不变。

▶ 变动短板原理

变动短板原理:在流程中,如果变动越大,短板越短,效率越低;反之,变动越小,短板越长,效率越高。

换句话说,图1-6中左边的图所对应的医生效率较高,而右边的图所对应的医生效率较低。虽然表面看起来两个医生的平均效率是一样的,但是实际情况有很大差别。很多人难以理解这一点其实也不奇怪,因为这确实有点超出我们的直觉。不过在生活中我们也可以体会到这一点,比如我们去爬山,虽然我们比挑山工走得快,最后却是挑山工先上山,原因在于挑山工始终保持一个速度往山上走,中间几乎不停歇,而我们都是走走停停,速度变化大。正是这种变化导致我们的效率比挑山工效率低。

用公式来说明这种变化的影响,以餐馆为例,顾客在店里的时间如下:

顾客在店时间 =(顾客到达变动性×顾客到达变动性+服务时间变动性×服务时间变动性)× $\frac{服务员利用率}{1-服务员利用率}$ ×无变动在店时间

这是什么意思呢?假如说一个餐厅只有一个服务员,她需要花2分钟服务完一个顾客,如果刚好是每隔2分钟来一个顾客,那么所有顾客都不用等待就能得到服务,而服务员也能得到充分利用。如果顾客到达时间不均匀,一下子到了5个,那么第一个不用等,第二个就要等2分钟,第三个就要等4分钟,第四个就要等6分钟,第五个就要等8分钟,服务完5

个顾客总共要 10 分钟。这 10 分钟内我们假设没有顾客来，而刚过 10 分钟又来了一拨顾客，则服务员没有停歇的时间，继续忙着照顾顾客。如果过了 10 分钟，顾客还没有来，而是过了 15 分钟下一拨顾客才来，那么服务员中间有 5 分钟没有事情做，这 5 分钟就被浪费了，所以服务员一天的效率就降低了。

上面只说了顾客到达时间的变化，其实服务员服务不同的顾客所花的时间也可能不一样。比如，第一个顾客花了 2 分钟，则第二个顾客等了 2 分钟；如果第二个顾客花了 5 分钟，第三个顾客就要等 7 分钟。所以每个顾客服务的时间不一样，也会增加顾客的等待时间。

总之，不管是顾客到达的时间变化还是服务的时间变化都会导致顾客在店里的时间变长，这就是变动性的影响。

如果店里面不止一个服务员，而是有两个服务员，那么虽然一下子来了 5 个顾客，但是前两个顾客都不需要等待，第 3 个、第 4 个顾客只需要等 2 分钟，而第 5 个顾客只需要等 4 分钟，总共花了 6 分钟服务完所有顾客，所以顾客等待的时间比只有一个服务员时减少了。但是如果过了 15 分钟才来第二拨顾客，则两个服务员都空闲了 9 分钟，所以空闲时间也比只有一个服务员时增加了。这种空闲就是公式中的利用率，服务员多，空闲多，利用率就低，顾客等的时间就短。

变动短板原理应用

▶ 一个韩国人的效率是中国人的 10 倍？

高效率工业生产的大敌是什么？那就是变动性。且来看看韩国与中国的企业因为变动性导致的差距的案例。

东方希望集团董事长刘永行有一次访问韩国，参观了一家面粉厂。这家面粉厂每天处理小麦 1500 吨，只有 66 名雇员。刘永行惊叹不已，因为在中国，相同规模的企业，日生产能力一般只有几百吨，员工高达上百人。东方希望集团的效率相对高于国内同行业标准，250吨日生产能力的工厂，也有七八十名员工，日生产能力仅有韩国工厂的1/6。

刘永行掐指一算，韩国工厂的人均效率大概是中国工厂的10倍。为什么中国有的工厂的设备比韩国工厂还要先进，而在效率上却有10倍差距？

韩国企业通常生产的每道程序都较为恒定，如同流水线上标准化的部件，组装起来又快又准确，效率就高。中国企业或许恰恰相反，流程上的每道工序变动大。流程的效率是随着变动的增加以平方的速度降低的，流程的变动越大，效率越低。

中国工厂与韩国工厂效率相差10倍并不奇怪，因为只要两个工厂的变动相差3倍，效率就相差3的平方，就是9倍了。

▶ "瓶颈"扼死人

木桶能装多少水，取决于最短的那块板。同理，流程的效率取决于最慢的环节，最慢的环节也就是我们俗称的"瓶颈"。

如果流程中每个环节的效率是不断变化的，也就是说有的时候高，比如1小时可以加工10件产品；有的时候低，比如1小时只加工了5件产品，那么虽然表面看起来每个环节的平均效率都差不多，但由于存在变化，所以每个环节在它效率变低的时候就成了流程的"瓶颈"，也就是短板了。

当流程中每个环节都存在变化的时候，任何时候流程中都可能存在一个"瓶颈"。不过这个"瓶颈"的位置不是固定不变的，而是在流程中不断变化的。有时候这个环节的效率低，成了"瓶颈"；有时候另一个环节的效率低，"瓶颈"就移到这个环节了。每个环节的效率变化越大，效率就越低。

▶ 标准化消除变动

不同种类的工作或是工作的不同环节，在流程的衔接上，正如几节不同口径的管道的连通。为使这种连通更加顺畅，我们应该把相同口径的管道尽可能接在一起，这样才能减少管道内的流通物的阻力。同理，我们也应该把工作目标、类型相同或相似的环节归并在一起。

"科学管理之父"泰勒在他的铁砂和煤炭铲掘实验中应用了分类的方法。

早先工厂里工人干活是自己带铲子，铲子的大小各不相同，铲不同的原料时用的都是相同的工具，那么如果在铲煤沙时重量合适的话，在铲铁砂时就过重了。

研究发现工人的平均负荷是 21 磅。于是泰勒就不让工人自己带工具，而是准备了一些不同的铲子，每种铲子只适合铲特定的物料。这不仅是为了使工人的每铲负荷都达到了 21 磅，也是为了让不同的铲子适合不同的原料。

为此他还建了一间大库房，里面存放各种工具，每个工具的负重都是 21 磅。同时他还设计了有两种标号的卡片，一张说明工人在工具房所领到的工具和该在什么地方干活，另一张说明他前一天的工作情况，上面记载着干活的收入。将不同的工具分给不同的工人，就要进行事先的计划，要有人对这项工作专门负责，需要增加管理人员。尽管这样，工厂也是受益很大的，据说这一项变革可为工厂每年节约 8 万美元。

为了减少变动，需要把工作进行分类，使得每一类的变动尽可能小。比如企业在招聘人员时，可以设定很多条件。如果有的条件特别出色，就可以直接通过初试进入复试；当然条件较差的也就被直接淘汰；条件相对较好的就需要通过初试来筛选。这样把人员进行分类就可以减少工作量，提高效率。

福特是应用标准化方法的典范，所有的生产线都生产同一种车：T型车；所有车辆都用同一种颜色：黑色。每次生产的数量都是1500多万辆，大大降低了汽车的制造成本。福特曾以此占据汽车业头把交椅19年。

通用汽车则是应用分类方法的典范。通用历史上著名的CEO斯隆提出了分权的思想，把公司分成不同的事业部，每个事业部分别为市场上一类人群生产一类车。虽说公司生产了很多不同种类的车，但每个事业部生产的车大致一样。因此虽然整个公司的车变化大，但是每个事业部的车变化不大，从而保证每个事业部的高效率。通用以此超过福特，雄霸汽车业半个多世纪。

变动性导致浪费，消除变动性、减少浪费是大多数企业的目标。

要点回顾

我们知道利特尔公式：

$$库存 = 输出率 \times 周转时间$$

我们变化一下，把店里的顾客当成库存。对于商家来说，每一个顾客就意味着一笔收入，输出率就是每天服务多少顾客，换成钱就是每天的收入，周转时间就是每个顾客在店里的时间。所以新的利特尔公式如下：

$$在店顾客数 \times 单人消费额 = 每天收入 \times 每人在店时间$$

那么变动性和上面的公式有什么关系呢？

$$顾客在店时间 = (顾客到达变动性 \times 顾客到达变动性 + 服务时间变动性 \times 服务时间变动性) \times \frac{服务员利用率}{1 - 服务员利用率} \times 无变动在店时间$$

我们结合利特尔公式和变动性公式，得出以下公式：

$$在店顾客数 \times 单人消费额 = 每天收入 \times (顾客到达变动性 \times 顾客到达变动性 + 服务时间变动性 \times 服务时间变动性) \times \frac{服务员利用率}{1 - 服务员利用率} \times 无变动在店时间$$

如果在店顾客数和单人消费额不变,那么变动性越大,顾客在店时间越长,每天的收入就越低。

在店顾客数×单人消费额=每天收入(低)×每人在店时间(长)

相反,顾客在店时间越短,每天的收入就越高。

在店顾客数×单人消费额=每天收入(高)×每人在店时间(短)

当然,这个是在在店顾客数和单人消费额不变的情况下得出的,如果单人消费额高,即使顾客在店时间长,也可以保证收入高。如下面的公式:

在店顾客数×单人消费额(高)=每天收入(高)×每人在店时间(长)

| 第 2 章 |
核心战略

海底捞的主动服务战略

呷哺呷哺的低成本战略

第2章 | 核心战略：海底捞的主动服务战略VS呷哺呷哺的低成本战略

1. 海底捞的主动服务战略

不以"吃"为唯一特色的火锅店——海底捞

1994年3月20日，四川海底捞餐饮股份有限公司第一家店在简阳成立。发展至今，它已经成为一家融各地火锅特色为一体，以经营川味火锅为主的大型直营连锁企业。公司始终秉承"服务至上、顾客至上"的理念，以创新为核心，改变传统的标准化、单一化的服务，提倡个性化、主动的特色服务，致力于为顾客提供愉悦的用餐服务。

二十多年来，海底捞的分店已经遍布国内众多城市。北京、上海、西安、郑州、天津、南京、杭州、深圳、厦门、广州、武汉、成都等，以及国外已有近百家直营餐厅。

同时，公司还分别在北京、上海、西安、郑州、武汉和东莞建立了六个大型现代化物流配送基地、一个底料生产基地，以"采购规模化、生产机械化、仓储标准化、配送现代化"为宗旨，形成了集采购、加工、仓储、配送于一体的大型物流供应体系。

一路走来，优质服务为公司增添了不少光环，因服务而得到的"五星级"火锅店的美名，让人觉得实至名归。2008—2012年，海底捞连续5年荣获大众点评网"最受欢迎十佳火锅店"；2008—2020年多次获"中国餐饮百强企业"荣誉称号，2020年超过麦当劳名列百强企业第二名。

世人往往只看到荣誉，却忽视了成功背后的艰辛。海底捞走过的二十几年,也同样充满艰辛。所以我们不能只看它现今的荣誉,而应该去寻找它取得光环的原因。

海底捞"采购规模化、生产机械化、仓储标准化、配送现代化",从这"四化"中我们可以看到一些它快速发展并取得成功的路径;同时,海底捞还力求满足当今消费者的精神诉求,主打服务,以为顾客提供主动、真诚的服务为主要宗旨,这是它发展壮大的秘诀所在。

海底捞专注差异化——主动服务

▶ 海底捞专注服务

餐饮企业是集产品销售和服务于一身的组织,它们通过服务的形式为消费者提供餐饮产品。至于是只通过售卖餐饮产品来赢得顾客还是通过服务来赢得回头客,各个餐饮企业都是有所侧重的。

海底捞的创始人张勇在创立海底捞之初就认识到,在口味都差不多的现代消费餐饮市场,如果继续专注于口味的话,海底捞的命运必将泯然于众人,没有前途。于是,他另辟蹊径,开始专注于服务。也许张勇决定以服务来吸引顾客时并没有意识到这就是实现差异化战略的一种手段,但回顾海底捞的发展历程及始终如一的坚持就会发现,这正吻合了差异化战略的宗旨。

海底捞的差异化战略表现形式是多方面的,其中之一便是主动服务。当然,这里的服务不仅仅是服务员为顾客提供的端茶倒水这种一般意义上的服务,它还包括以菜品为主的餐饮主题,以及餐具、灯光、装饰所构成的餐饮环境等细节。所有的这一切,都为海底捞服务差异化提供了有力支持。

第2章 | 核心战略：海底捞的主动服务战略VS呷哺呷哺的低成本战略

▶ **服务是变动的木板**

什么是服务呢？从常识来看，服务是为满足他人的需要而完成的工作，它是可以辨认的；但是我们却无法把服务抓在手中，它是无形的，是随时间消逝的。顾客只有在服务过程中才能享受到服务，因而顾客参与服务的过程，我们不可能提前把服务存储起来然后让顾客消费。在服务的过程中，服务者需要和被服务者交流，这一方面是因为交流本身就是某些服务工作，另一方面因为每一个顾客的服务要求都可能不同，交流才能了解到不同顾客的不同需求。因此，服务具有"无形、同步、易逝、异质"四大特质。

服务的核心价值在于服务人员的表现，这也是服务与产品的最大区别。顾客是服务质量的唯一评价者，对服务来说，顾客就是最权威的专家。顾客通过自己的感知来评价服务质量，所以评价的主观性比较强。同样的服务，可能会有不同的认知、不同的感受、不同的评价。

由于服务的主观性感受很重要，所以顾客最开始的印象很关键，企业在和顾客的第一次接触中，就要做好沟通，给顾客留下良好的第一印象，从而让顾客获得愉快的第一次感受。整个流程让顾客从认识到认知，进而认可、认同，最终认购，获得良好的口碑。

从"无形、同步、易逝、异质"的四大特质以及服务的主观感受来看，对企业来说，做好服务实属不易。因为不同的顾客需要不同的服务，这需要服务员根据经验准确判断，否则就可能造成不好的印象。比如有的顾客不喜欢服务员太热情，那么太热情了反而让顾客不舒服。而且对餐馆来说，有高峰、低谷时间，高峰期顾客多，服务员可能忙不过来，被怠慢的顾客就会抱怨。总之，做好服务的主要困难就在于服务不像产品那样，可以做成一样的标准品，而是随顾客喜好不断变化的，所以服务就是一块变动的木板。

对海底捞来说，就是可以根据顾客的需要能任意把服务这块木板拉长，因此需要海底捞具备足够的服务能力。

菜品差异化

海底捞以服务为特色，服务的差异化特色也就会延伸到其他方面，比如菜品的差异化。

"绿色、健康"是现代人对饮食的诉求，海底捞也顺势而为，高扬"绿色、健康、营养、特色"的大旗，致力为火锅菜品的质量把关。

"麻、辣、鲜、香、嫩、脆"等是川渝菜的特色，海底捞在此基础上不断创新，并以独特、纯正、鲜美的口味和营养健康的菜品，最终赢得了顾客的一致推崇。众多的消费者都认为"好火锅自己会说话"，并都自动加入海底捞的口碑宣传中。

海底捞始终坚持"绿色、无公害、一次性"的选料和底料原则，严把原料关、配料关，十几年来经过市场和顾客的检验，成功打造出信誉度高，有着浓郁"蜀风"的优质火锅品牌。

关于菜品，海底捞打造了三大系列：

健美食品系列

预防肥胖以及胆固醇升高等城市病、现代病，保持人体生态平衡的食品系列。

绿色食品系列

食品要安全无害、无污染、绝对新鲜，所以它们构建了自己的物流系统和食品基地、食品加工厂，这样能从源头上把好安全关。

营养食品系列

开发既能补充人体所必需的各种微量元素，又能增强体力和开发智力的产品。

环境差异化

"美其食必先美其器",形式美观且工艺考究的餐具除了能调节人们进餐时的心情,还能增加食欲,传递出餐厅在餐具方面的用心。如今,消费者用餐绝非吃饱这么简单,而是将注意力转移到餐厅配套上来了,如对餐具的关注、对餐厅卫生的关注等。

从中式餐饮环境的发展趋势来看,时尚化、特色化、明朗化成为一种潮流。时尚、精致、干净、整洁的餐厅,在很大程度上满足了年轻顾客对用餐环境的需求和情感依托。这种潮流满足了众多消费力更高的年轻消费群体,而成为时下众多中餐品牌赖以制胜的关键。从一定程度上来说,好的环境增强了这些餐饮企业的销售力。

海底捞用精致的餐具对消费者传递出这样一种信息:海底捞的环境是优雅的,细节是周到的,想您所想,应您所求。因此,对消费者更加具有吸引力。

服务差异化

海底捞始终秉承"服务至上、顾客至上"的理念,以主动服务冲击着单一化的传统服务,提倡服务个性化,让服务更适应顾客需求。海底捞让人印象最深的是什么?那就是"贴心、暖心、舒心"的服务。海底捞的服务不仅体现于某一个细小的环节,还包含从顾客进门到用餐结束离开的一套完整的服务。

▶ 进门等位

资源不均势必引起排队现象,比如去银行会有排队,在超市称重会有排队,在收银台会有排队,哪怕就是网上咨询在线客服也会有排队。排队是一种普遍现象,但是,怎么样让排队不那么无聊呢?

海底捞的做法是为顾客送零食、送饮料、擦鞋,为女士美甲,免费上网,等等。海底捞的服务是有口皆碑的,所以效仿者不计其数,如今大家已经对这种现象习以为常了。

▶ 点餐

细心的您在海底捞也许会发现,咦,菜单里有半份的菜量!没错,这就是其中一个小得不能再小的细节了,细节透露出来的温馨信息,让顾客倍感舒适。并且在点餐时,服务员也会根据顾客人数适时提供参考意见。

▶ 等餐、用餐间隙

顾客总是形形色色,有男有女,有老有少,需求总是因人而异:

女士披肩长发怎么办?

有头绳。

手机放在桌子上溅上油渍怎么办?

有塑料袋。

火锅汤汁四溢怎么办?

有围裙。

眼镜起雾了怎么办?

有眼镜布。

用餐时手上有油渍不愿反复跑卫生间怎么办?

有热毛巾。

对了,吃面还有戏看?

对,这就是海底捞拉面表演(如图2-1所示)。

第2章 | 核心战略：海底捞的主动服务战略VS呷哺呷哺的低成本战略

图2-1　海底捞拉面表演

资料来源：赢商网。

这就是海底捞，总是很细心地为顾客用餐提供相宜的服务（如图2-2所示），所谓细节决定成败，注重细节的海底捞成功了。

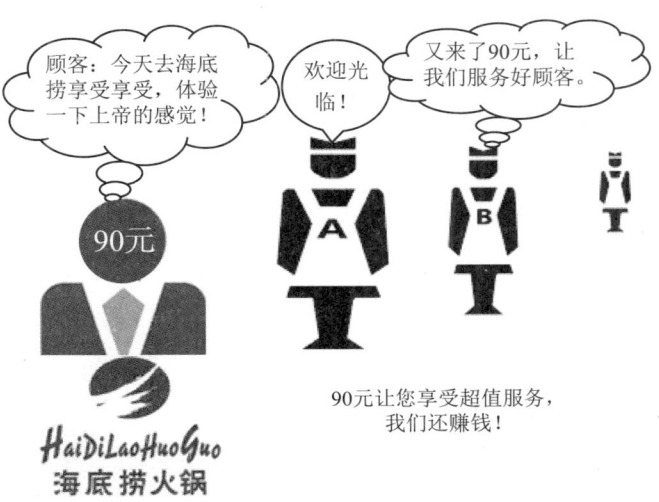

图2-2　海底捞的超值服务

关于海底捞的服务就不在这里一一详述了，凡是到海底捞用过餐的顾客大都深有体会，它的服务不是靠企业单方面宣传而声名远扬的。

海底捞的战略首先是差异化，其主要通过突出的服务来赢得顾客，而服务的突出之处在于服务员的积极主动。主动服务实际上类似于庞蒂亚克工厂的多品种、小批量，但是在海底捞，可以说每一个顾客都是不同的，所以其面对的情况比庞蒂亚克工厂复杂得多。不过不管怎么说，海底捞通过差异化战略——主动服务——赢得了顾客。

2021年，海底捞实施错误的扩张战略，导致服务及配套措施跟不上，最后关店300多家。具体原因后文会详细阐述。

2. 呷哺呷哺的低成本战略

港交所"火锅第一股"——呷哺呷哺

2014年12月中旬,呷哺呷哺成为继小肥羊退市后港交所的"火锅第一股"。一人分量的小火锅也能上市,这鼓励着国内餐饮企业,只要做对了,就能看到曙光。

呷哺呷哺上市是事出突然还是由来已久?且来看看呷哺呷哺上市历程(如图2-3所示)。

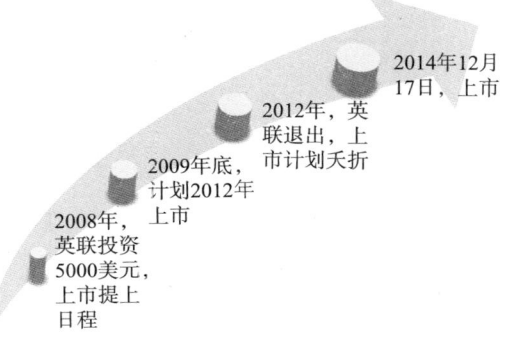

图2-3 呷哺呷哺上市历程

呷哺呷哺一路走来始终秉承初衷,带着"一人一锅"的商业模式成功问鼎港交所,成为"火锅第一股"。上市意味着可以更好吸纳资金、降低企业经营风险,还能顺便扩大企业知名度,这无论对餐饮界还是呷哺呷哺本身而言都是一个利好消息。

从时间来看，呷哺呷哺成立的时间不算长。1999年6月，第一家呷哺呷哺火锅店在北京西单明珠大厦冷清开张。精明的中国台湾商人贺光启把当时在台湾刚开始风靡的吧台小火锅引进北京，开启了呷哺呷哺的康庄大道。历时二十年，如今呷哺呷哺已经拥有上千家餐厅，经营足迹遍布北京、上海、天津等城市，在国内所有快速休闲连锁餐厅中名列第二。根据呷哺呷哺公布的2014—2020年财务数据，呷哺呷哺的总营收、利润等在2014—2018年均呈上涨态势（见表2-1）。但财报显示，2019年呷哺呷哺的税前利润开始下降，净利润大幅下降。2020年集团收入同比下滑9.5%，税前利润同比下滑86.6%，经调整纯利同比下滑67.1%，营收、净利双双下滑。关于呷哺呷哺2019年开始出现的问题也会在第八章专门阐述。

表2-1 呷哺呷哺2014—2020年财务数据　　　　单位：千元

报告日期	2020	2019	2018	2017	2016	2015	2014
总营收	5450000	6030167	4734080	3663993	2758137	2424606	2201989
税前利润	67000	503193	609440	542787	473122	323120	187149
净利润	131000*	288100	462478	420170	368028	263363	80138

注：*表示经调整。

数据来源：网易财经。

贺光启曾表示，"大多数新开设的呷哺呷哺餐厅，约3个月便可首次实现当月收支相抵，约14个月便可实现现金投资回本"。虽然当时国内某些行业不太景气，经济增长速度稍微放缓，但贺光启并不担心国内经济放缓对餐饮业的影响。伴随着一些政策的变化，高端餐饮消费有所减少，中低端餐饮消费却仍能保持。另外，公司的定价策略以确保利润为主，毛利维持在约60%，高于同行业35%的水准，利润率则维持在8%~9%。

上市为呷哺呷哺募集到数额可观的资金。呷哺呷哺方面表示，将用募集到的资金继续开设新的连锁餐厅，并致力于物流及生产中心的建设，以便为呷哺呷哺快速发展夯实后方基础。

2017年公布的"2016年度北京餐饮50强前20名"出炉，呷哺呷哺

第2章 | 核心战略：海底捞的主动服务战略VS呷哺呷哺的低成本战略

一路过关斩将，位居第七。

一路走来，呷哺呷哺的成绩有目共睹。

低成本战略的关键是标准化，消除每一块木板的变动

中餐最重要的环节是厨房，菜的口味依赖厨师，做菜过程复杂多变，所以中餐在吃饭高峰时期的一个突出特点就是等候时间长，把中餐做成快餐实属不易。但是涮锅却有别于普通的中餐，因为它不依赖厨师的厨艺，也不需要复杂的过程，甚至比麦当劳等洋快餐的过程还简单。

传统火锅讲究热闹，一大桌人围桌而餐。呷哺呷哺则别开生面地将火锅定义为一人一锅的小型火锅，并且，人均消费也很低，仅30~40元。人均消费低，关键是要控制成本，即实施低成本战略，而实施低成本战略的关键是标准化。

▶ 应用现代工厂布局：吧台式布局

标准化是现代工业思想，这种思想甚至体现到了店面布局上。随着规模扩大，呷哺呷哺吧台式的经营优势开始体现：

吧台式用餐布局可以增加店铺的顾客容量，同样的店铺面积比传统火锅店增加30%以上。

▶ 高翻台率

在餐饮公司最核心的翻台率上，呷哺呷哺也找到了解决良方：安排顾客并排就座，提供精简的火锅套餐，拒绝提供高度数的酒精饮料。呷哺呷哺提供的数据显示，其平均翻台率能够达到7，而普通火锅店的翻台率仅在3~4。据投资者的评估，即使与麦当劳、肯德基等洋快餐企业比较，呷哺呷哺每平方米的销售额及增长都占有优势。

▶ 中央厨房先行，标准化思想的集中体现

当然，呷哺呷哺以标准化为安身立命之本并不是一时兴起，而是早有规划的。呷哺呷哺的创始人贺光启在接受媒体采访时提到，中央厨房及标准化流程没有完备前坚决不开店。因此，创立之初，呷哺呷哺并没有按照常规的先店后厂的做法来做，而是先成立总公司，创建中央厨房，制定标准化工厂制度，从原料采购、菜品加工、品质管理及店面管理上均与标准化制度紧密结合。为此，他从1996年就开始筹备，历时两年，1999年呷哺呷哺第一家店才与消费者见面。

▶ 原料采购

呷哺呷哺将标准化管理延伸到合作农户端，要求全国供应的农村供销社对供应的菜叶进行清洗、切段、封装后运到中央工厂，运输时间保证在5个小时左右。同时，它还对一斤鸡蛋多少颗、土豆的大小、蔬菜的产地、叶面宽度等进行标准化规定，从而达到确保食材的新鲜品质和节约企业成本的目的。

▶ 菜品及调料加工，标准化、规模化

呷哺呷哺的菜品及调料都是由中央厨房统一进行工业化生产，中央厨房对菜品及调料统一加工的好处是便于产品品控，有利于让产品品质管理向着标准化发展。

菜品的包装、切片等工作都是由中央厨房完成，然后再配送到各个门店，这是呷哺呷哺在标准化方面努力的一个表现。

当然，标准化也是一个逐渐完善的过程，所以这些年它一直没有停止这方面的努力。呷哺呷哺虽然很早就确立了标准化经营的方针，在各方面配置也都朝着这个方向努力，但也有不尽如人意的地方。例如，它初期的

调料不是制成袋装的，而是用大碗装，服务员用大勺给顾客盛到碗里，不够卫生，质量也得不到保证。好在后来经过改善，调料均由中央厨房统一加工并配送到门店，每包调料的保质期为 3 天，超期后统一收回进行销毁。

呷哺呷哺的麻酱包可以说是标准化的典范。提到呷哺呷哺，大多数人都会不约而同地想到它的麻酱。不管进店的顾客是何种口味，呷哺呷哺提供的最主要的调味料就是麻酱（当然现在也会看到它提供灌装的辣椒酱，但辣椒酱的存在仅仅是一个小插曲）。呷哺呷哺提供的麻酱会有专门的工厂来进行生产，看似千篇一律，实则也是标准化思想在其经营中的一个体现。从这个细小的环节可以看出，快餐行业在快速铺开后，要想保证统一的口味和质量，产品标准化的管理是必不可少的，这也是呷哺呷哺成功的关键因素之一。

▶ 门店管理标准化

呷哺呷哺对门店同样进行标准化管理，它对门店的用餐环境、服务、清洁卫生及整体感受都有严格标准。

▶ 服务标准化

呷哺呷哺在服务的选择上，只限于为顾客提供最基本的服务，如点单、传菜、买单，其他的诸如为顾客送餐巾纸、主动上前询问顾客所需服务几乎是没有的。在网上搜索"呷哺呷哺的服务"会发现，讨论最多的还是对它服务的诟病，这些诟病只是从顾客的角度而言的。从呷哺呷哺自身来看，这种做法是没有问题的，因为它的定位只是快餐式火锅，就和麦当劳、真功夫等快餐是一样的。快餐有一个特点，就是在钱货两清时服务就终止了。快餐体现的是快速、平价。如何做到快速？就是要做到标准化。如何做到标准化？就是不做多余的事。

▶ 餐具标准化

呷哺呷哺的餐具也有自己的特点。呷哺呷哺选用标准化的仿瓷碗、勺，这种餐具的好处是价格低、经摔。这最大限度地节省了服务员收拾、清洗餐具的时间，从而间接节省了成本。

▶ 店面布置

呷哺呷哺的店面布置也体现了工业化流程的标准思想，这在后文将会详细论述。

▶ 饮料标准化

呷哺呷哺会提供雀巢和可口可乐两种饮料。这也是其标准化、低成本思想的体现。

2014年，呷哺呷哺上市的消息铺天盖地而来。靠吧台式涮锅起家的一人式火锅也能在餐饮业低迷期异军突起，开启自己的上市之路。

海底捞以服务差异化取胜，呷哺呷哺则以标准化低成本开启了它的成功模式。尽管方法不同，策略不同，在效益、影响力、发展速度等方面，呷哺呷哺却也是毫不含糊的。

一天卖不出3锅火锅 VS 6天开一家新店

万事开头难，风光无限的呷哺呷哺也曾面临这样的窘境：

1999年，呷哺呷哺西单明珠店开业了，这是它在北京繁华的西单商圈开的第一家门店。然而，此时大家对吧台式火锅并不理解，开业期间门可罗雀，生意超乎寻常的清冷，"当时一天甚至都卖不出3个火锅"。

日本盛行分餐制由来已久，并将这种传统在世界范围内扩散。吧台式小火锅最初源于日本分餐制,在中国台湾也相当流行,于是台湾商人贺光启放弃珠宝生意而将这种进食方式引进北京。然而,当时北京盛行的是众人围坐一个大火锅的传统形式,以木炭为燃料的铜火锅或者煤气火锅为主,这种每人一锅的分餐方式、并排就座的吧台座位以及环保安全的电磁炉火锅在当时并不受欢迎。所以,在台湾红极一时的吧台式火锅连锁餐厅这一沉寂就是好几年。直到 2003 年"非典"暴发,人们才意识到分餐的合理性,呷哺呷哺才迎来了发展的春天。

2009 年,呷哺呷哺在中国大陆的门店数已增至 88 家,并且还在以每 6 天开一家店的速度扩张。在半年多的时间里,呷哺呷哺就开了 32 家直营新门店,每一家店都能火爆营业。

呷哺呷哺的门店数从 2016 年的 637 家增长到 2020 年的 1061 家,2021 年又关店 200 多家。

标准化让呷哺呷哺如虎添翼

呷哺呷哺以井喷之势快速发展,并不是因为一人一锅这种用餐方式,为其快速发展提供动力的是标准化经营策略。贺光启明确提到,之所以如此,是因为呷哺呷哺在培育的是一个能支撑连锁体系快速稳健扩张的食品供应链。要实现这个快速成长的根基,就要做到标准化。标准化程度越高,就越容易快速扩张。

呷哺呷哺吧台小火锅在京津地区快速成名后,一些企业也纷纷效仿,它曾遭遇"山寨版呷哺呷哺火锅"的左右围攻。随着营业额的增长,甚至有传言呷哺呷哺的员工辞职之后做了同样的火锅店。真金不怕火炼,有过十年竞争磨炼的贺光启并不惧怕这种"山寨的复制"。贺光启曾自豪地表示:在速食业吧台火锅方面,呷哺呷哺已经没有竞争对手,复制者再快也得 5 年时间才能赶上,更何况呷哺呷哺公司已在快速地往前奔跑。

通过实施标准化的管理，呷哺呷哺实现了低成本（如图2-4所示），并且能够快速复制，所以它的开店速度惊人。呷哺呷哺是餐饮企业中的标准化工厂，一如麦当劳等，都是在餐饮业提供工业化的产品。这样不仅有利于成本的节约，更是规模扩大的利器。顾客的需求是多样的，既然呷哺呷哺定位于快餐，所以不论它的餐具，还是服务、餐品供应等都只能围绕快餐这种特殊的餐饮形式来展开。如果脱离了定位本身，游离于快餐与其他餐饮形式之间，那就会变得不伦不类了。

图2-4 呷哺呷哺的低成本策略

呷哺呷哺通过"快餐式火锅"的准确定位和科学的标准化运营模式，成就了今天在餐饮界的地位，成为快餐行业的学习典范。

呷哺呷哺创始人贺光启把制造业的很多做法应用到餐饮业，所以说管理思想无论在什么领域都是相通的。制造业经过上百年的发展，总结出了高效的运作体系，而标准化是其中最核心的元素，是值得餐饮企业学习的。

3. 控制好顾客用餐时间

每逢春节，关于年夜饭的新闻都会成为焦点，比如"限制在店时间和最低消费"，也就是说吃这一顿饭，您必须在规定的时间内吃完。有没有觉得压抑呢？高高兴兴吃顿年夜饭，结果还得赶时间不能尽兴。当然，这只是一些餐厅在特殊时段出现的极端例子。之所以出现这种情况，是因为顾客在店时间是餐饮企业战略定位中最重要的一环，这直接影响翻台率。一般来说，顾客在店时间越长，翻台率就越低；翻台率低，收入就会降低。当然，餐馆不能强制顾客在店时间，但是可以通过一系列策略来控制顾客在店时间。

顾客在店时间与多方面因素相关。不谈颇为讲究的法国大餐，也不说有中国特色的满汉全席，一般大众消费的餐厅，在店时间也都是有区别的。比如，在一个嘈杂的环境里用餐，人心情难免焦躁，那久坐品茗的闲情逸致应该是不会有的。再比如，一家餐厅灯光幽暗，伴着舒缓的乐曲，那在这里狼吞虎咽也不太合适。

所以，用餐环境和过程的设计都会影响顾客在店时间，而如何设计却和企业战略定位息息相关。本书的主角海底捞和呷哺呷哺就是两个典型的"极端"例子。海底捞是尽量延长顾客在店时间；呷哺呷哺则"拼命"压缩顾客在店时间。

海底捞：让顾客多待一点时间

▶ 让顾客有时间享受服务

俗话说"日久见人心"，可见，时间是检验一个人的最好方法，相处久了才能深入了解一个人。

同样，以服务闻名的海底捞，虽然不希望顾客在店内无限制地停留，但还是希望顾客在店内多待一点时间。为什么呢？因为只有足够的时间，才能让它优质的服务得到充分体现，也才能让顾客充分了解它服务的精髓。

试想，如果来也匆匆去也匆匆，顾客压根没时间回味、享受服务就离开了，怎么能留下深刻印象呢？

那么问题来了，如果顾客停留的时间过长，餐厅看重的翻台率怎么办呢？

提高翻台率有两种方法：一是提高库存；二是缩短时间。海底捞就是采用前一种方法。事实证明，海底捞不用发愁库存。所以，眼下要做到的就是尽量让顾客在店内多停留，让顾客充分体会海底捞的优质服务，这是餐厅方面的主观意愿。从顾客来看，他们多半也是愿意在海底捞这样环境的餐厅中用餐的。所以，大多数时候顾客停留的时间都比较长。

通过延长在店时间，海底捞的目的达到了，顾客也充分享受到了用餐的乐趣，何乐不为呢？

▶ 海底捞：把时间的绳子拉长

海底捞为了让顾客享受到服务而故意把时间的绳子放松（如图2-5所示），同样也是需要通过顾客用餐的每一个环节的设计来实现，每一个环节都要充分体现海底捞的服务，每一个环节都不能成为服务的短板。

第2章 核心战略：海底捞的主动服务战略VS呷哺呷哺的低成本战略

图2-5 海底捞：把时间的绳子拉长

在每一个环节，海底捞的时间都会更长，由此延长了顾客在海底捞店内滞留的时间（如图2-6所示）。

海底捞平均每人用餐时间 = 等位时间（长）+ 点菜时间（长）+ 上菜时间（长）+ 煮菜时间（长）+ 吃菜时间（长）+ 等待服务时间（长）+ 服务时间（长）+ 买单时间（长）

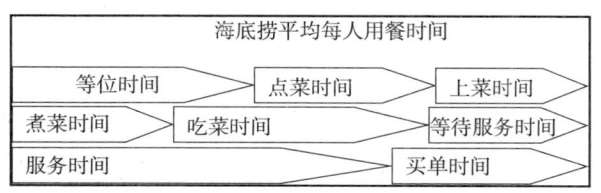

图2-6 海底捞平均每人用餐时间

▶ 顾客用餐时间变化大，不能让时间成为服务的短板

对海底捞来说，顾客在店时间可能变化很大，比如有的顾客可能用餐1个小时就结束了，而有的顾客光等位就花了2小时。如果顾客在海底捞用餐很匆忙，无暇享用服务，那么海底捞的服务特色就无从体现，也就没有"变态"服务的口碑了。所以，以主动服务为战略定位的海底捞不能让顾客在店时间成为服务的短板。从这一点出发，也要有意拉长顾客在店时间。

呷哺呷哺：来去匆匆

▶ "赶人"的呷哺呷哺

与之相反，呷哺呷哺则通过压缩顾客在店时间来提高翻台率。要缩短顾客在店时间并不是一句话、一个主观意愿就能实现的事。在这方面呷哺呷哺下了不少功夫，比如心理、身体感受等方面多管齐下。

心理：从装修色彩、空间上给人以压迫、局促之感，催促顾客快快食用完毕，离店。

身体感受：如果说舒适度的话，呷哺呷哺店内给顾客预留的用餐空间、餐桌、餐椅等都是刚刚好、刚刚够坐。让人身体局促在有限的空间内，觉得不那么舒服。在一个狭小的空间里，促使顾客加快用餐速度，快速离店。

不管从哪方面来说，呷哺呷哺都算不上有一个优雅的用餐环境，至少在这样的环境里，顾客不可能有品红酒、吃大餐的闲情逸致。从这方面来说，呷哺呷哺是很成功的，它轻轻松松就达到了"赶客"的目的。

▶ 呷哺呷哺：把时间的绳子缩短

如果我们把时间看成一根绳子，呷哺呷哺就是在"拼命"把绳子拉直

（如图2-7所示），这样顾客的用餐时间就变短了，从而达到压缩顾客在店时间的目的。要把时间的绳子拉直，就是要把顾客用餐时间的各个环节都尽可能缩短（如图2-8所示）。

图2-7　呷哺呷哺：把时间的绳子缩短

呷哺呷哺平均每人用餐时间＝等位时间（短）＋点菜时间（短）＋上菜时间（短）＋煮菜时间（短）＋吃菜时间（短）＋等待服务时间（短）＋服务时间（短）＋买单时间（短）

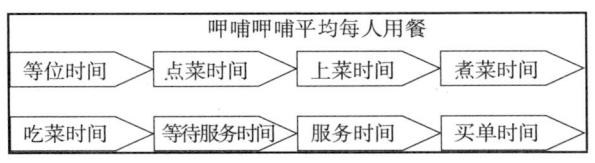

图2-8　呷哺呷哺平均每人用餐时间

应用木桶原理，如果我们把顾客用餐的每一个环节看成组成木桶的一块木板，那么每一个环节都不能变成短板。所谓短板就是这个环节没有努力压缩顾客的时间，从而影响整个顾客在店时间。

▶ 控制顾客用餐时间变动

对于呷哺呷哺来说，把每个顾客的用餐时间缩短，可以提高翻台率。这种做法还会产生另一个效果，就是每一个顾客的在店时间都相差不大。呷哺呷哺这么做的原因就是，用来检验对顾客服务的每一个环节是否按照标准化执行。如果每一个顾客在每个环节经历的时间都差不多，那么每个顾客的在店时间也就差不多。

要点回顾

顾客在店时间对餐饮企业来说非常重要，因为在店时间直接影响翻台率以及收入水平。有趣的是海底捞和呷哺呷哺对待顾客在店时间的态度截然相反，如图2-9所示，海底捞想办法让顾客用餐的时间尽可能长一些，而呷哺呷哺则希望顾客在店时间尽可能短。

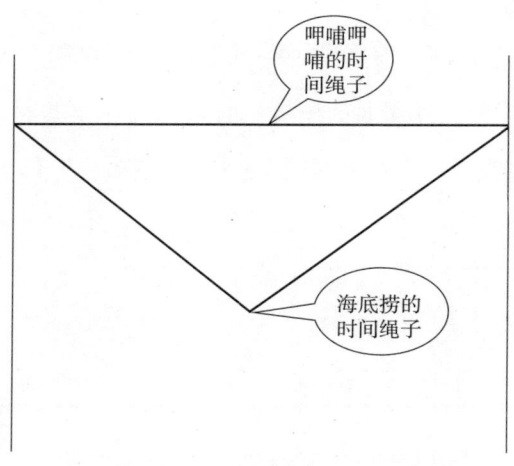

图2-9 顾客用餐时间对比

其原因可以用下面的利特尔公式解释：

在店顾客数×单人消费额＝每天收入×每人在店时间

变换一下：

每天收入＝在店顾客数×单人消费额÷每人在店时间

因此，顾客在店时间越短，饭店每天的收入就越高。如此说来，呷哺呷哺的做法就是正确的了。

每天收入(高)＝在店顾客数×单人消费额÷每人在店时间(短)

那海底捞的做法岂不是很奇怪？其实并不奇怪，因为海底捞虽然让顾客在店时间长了，但是由于顾客愿意支付更高的价格，也就是单人消费额更高，所以海底捞同样可以保证较高的收益。

每天收入(高)＝在店顾客数×单人消费额(高)÷每人在店时间(长)

顾客之所以愿意付更高的价格，是因为在这么长的时间里，顾客享受了海底捞的"变态"服务。如果没有足够的时间，就无法体验海底捞的"变态"服务了。

4. 摸准自己的短板

核心竞争力即企业或个人相较于竞争对手而言所具备的竞争优势与核心能力差异，而企业的核心资源则是构成企业核心竞争力的重要因素。海底捞的优势在于它的特色服务，所以员工就是它的核心资源；呷哺呷哺的优势是快速、低价，它的核心资源就是标准化流程。

海底捞的核心资源——员工，移动的短板

▶ 海底捞的服务口碑

2006年6月23日，位于北京牡丹园的海底捞分店迎来了一场盛大而特殊的公司年会聚餐。200名来自百胜中国的区域经理齐集于此，他们此行的目的不是吃，而是"参观和学习，提升管理水平"。他们执意观摩整个服务流程，对服务员的兴趣远大于火锅本身。

饭桌前的每个区域经理手中都有至少36家门店，他们都来向全国门店数量加在一起才20多家门店的海底捞学习，用张勇的话说，"这简直是大象向蚂蚁学习"。次日，在百胜中国年会上，应邀作为演讲嘉宾的张勇就如何提升员工热情被"新学生们"追问了整整3个小时。

除了一些企业来向海底捞取经之外，海底捞的发展潜力更被嗅觉敏锐的投资公司看重。IDG、国金证券、老虎基金先后找到了张勇，希望注资这家在全国6个区域拥有23家门店的连锁餐饮企业，帮助其加速发展。

人均消费不到 90 元、服务却周到得几近"变态"的海底捞，一时间成为业内关注的焦点。要想在海底捞吃一顿饭有两种方式：预约状态下，一张普通桌要提前 2～3 天预约，包厢需要提前 2 周预约；非预约状态下，如果没有事先预订，就很可能会面临漫长的等待，不过漫长的等待或许又是另一种享受。晚饭时间，北京海底捞的等候区里都可以看到如下的景象：大屏幕上不断打出最新的座位信息，几十位排号的顾客吃着水果，喝着饮料，享受店内提供的免费上网、擦皮鞋和美甲服务；如果是一帮朋友在等待，服务员还会拿出扑克牌和跳棋供你打发时间，缓解等待的焦躁。

海底捞走的是服务取胜之道，这就是海底捞的特色。这个特色就是比别人多做了"一点点"，这多"一点点"的服务为海底捞赢得了口碑，因此，海底捞从未缺失顾客满意度。对服务的满意度使得海底捞在大众点评网北京、上海、郑州、西安的"服务最佳"榜单上位居前列，同时也为海底捞迎来了顾客和收益。北京分店单店平均每天接待顾客 2000 人，单店日营业额达到了 10 万元。

▶ 海底捞的生存之道

关于张勇悟出来的"要生存下去只能态度好些"的道理大概和他伴随海底捞一路走来的经历有关。

(1) 不能受制于人

从前有一位高僧修行多年悟出了这样的道理：该吃饭的时候吃饭，该睡觉的时候睡觉。佛家修行贵在淡泊、心静，或许海底捞就是这位高僧。

海底捞是一家有个性的餐饮企业，它不热衷于上市，也不热衷于融资，甚至连"标准化""资金""加速扩张"这样的字眼都不能轻易出现。张勇就曾经明确拒绝过风投抛出的橄榄枝。海底捞为什么这么"清高"？因为张勇明白，如果接受了橄榄枝，就要按照投资者的心意走上市之路。上市意味着什么呢？需要制订发展计划书，第一年发展要到什么水平，第二年要发展到什么水平，这所有的一切都需要给投资者一个交代。在张勇看来，做企业和做人的境界是一样的，那就是"该吃吃，该睡睡"。他不愿意为了资金改变自己的节奏，这和海底捞的生存之道是背离的，支撑海底捞发展的从来都不是钱。

（2）海底捞的前世今生

1994年之前，张勇还是四川简阳拖拉机厂的一名电焊工，他利用业余时间支起了4张桌子，开起了麻辣烫小店。

多数男士都十指不沾阳春水，张勇也不例外。最初，他不会炒料，连毛肚是什么都不知道。但他知道伸手不打笑脸人，麻辣烫小店要想生存下去只能态度好些，别人要什么快一点儿，有什么不满意多陪笑脸。如此一来大家都说他的东西不好吃，却又都愿意去吃。历时半年，1毛钱一串的麻辣烫让张勇积攒了宝贵的第一桶金。

（3）第一桶金的启发

第一桶金让张勇赚到的不仅仅是1万元钱，更让他赚取了海底捞日后的经营理念：服务至上。

这段开店经历让他明白客人觉得吃得开心，就会夸味道好；如果觉得不开心，就会觉得难吃。所以味道是次要的，关键是要态度好。

▶ 因为服务的变化，海底捞的短板是员工

服务因人而变，不易标准化，完成服务的是服务员，所以对服务员应对变化的能力要求高。对于海底捞来说，服务员是它所有资源中最不容易获得的，需要找到合适的服务员，并进行很好的培训，关键是如何激发员工的热情，这对哪个企业来说都是难题。

▶ 核心是员工

万丈高楼平地起，根基牢是让高楼稳固的基础，海底捞这座大厦的根

第2章 核心战略：海底捞的主动服务战略VS呷哺呷哺的低成本战略

基就是合格的服务员。张勇不愿接受风投是因为觉得时机还没到，所谓的时机是指能满足扩张需要的合格服务员。如果根基不牢，海底捞就会消失得很快、很彻底。

从服务员一手干起的张勇明白：海底捞的生存离不开服务员。一个餐馆不论其名气大小或者装潢好坏，客人从进店到离店，始终只跟服务员打交道，所以餐馆客人的满意度基本掌握在服务员手里。怎样才能服务好客人？那就需要服务员发自真心地去服务了，真诚的微笑总是让人觉得惬意。

服务员能出自真心为顾客服务，是因为他们在海底捞的价值得到了体现，在海底捞盛行的是信任、平等的价值观。在海底捞，张勇从不把自己当老板，他就是海底捞的普通一员，员工们也都喜欢亲切地称他"张大哥"。

海底捞得以壮大的根源在于它对自身核心资源的充分挖掘。海底捞的核心资源究竟是什么？张勇的看法是员工，由此构成了能够激发员工的创意、热情、积极性，颇具竞争力的一套人力资源管理体系。

在海底捞我们可以感觉到它的服务员发自内心给人的快乐服务（如图2-10所示）。

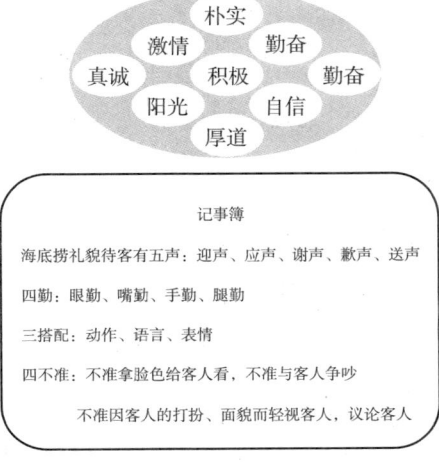

图2-10 海底捞的服务标准

▶ 培训

为了海底捞根基牢固，张勇把培养拥有海底捞思维的管理者当作重要任务来做，通过多种方式对员工进行培训。

理论培训：教师授课，员工听课。

实战摸索：一个师傅带一个徒弟。

专业招聘：请专业的人力资源公司招聘，并积极建立适当的培训体系。

创造环境：创造愿意让员工留下来的工作环境。

张勇明白，标准化固然重要，但是真心笑容是没有办法标准化的。餐饮业是一个劳动密集型行业，点火、开门、问好很容易，不需要专门教导；要让员工愿意干是很难的，难就难在怎么让员工喜欢这份工作，并愿意干下去。

▶ 服务员工、信任员工

海底捞会为员工提供优越的生活条件（租用设施齐全、干净舒适的宿舍等），为员工购买保险、提供公平的晋升渠道，为每个员工提供参与创新的机会，为员工解决后顾之忧等。在海底捞，服务员和经理一样住公寓套房；在简阳，张勇建了一座私营学校，海底捞员工的子女可以免费上学。

海底捞的信任不仅仅停留在口头上。张勇的签字权是100万元以上的合同；100万元以下由副总、财务总监和大区经理负责；大宗采购部长、工程部长和小区经理有30万元的签字权；店长有3万元的签字权。这种放心大胆的授权在民营企业实属少见。

在舒适、信任、平等的大氛围下，海底捞的员工积极地工作，同时发掘着自身的潜能，为公司建言献策，健康、快乐地生活。

呷哺呷哺的核心资源——标准化流程，没有短板

▶ 服务不是核心

呷哺呷哺让人觉得它的服务员就是不苟言笑的铁面判官。

顾客1：这服务真心差了！大情人节的真不爽！

顾客2：服务员态度很不好，爱理不理，叫好几遍才有反应。

顾客3：这家的呷哺呷哺简直是我去过那么多家里服务态度最差的一家，吃得很不爽，服务员那个盛气凌人。

……

总之，说多了都是"泪"，对于呷哺呷哺的服务还需要一一"控诉"吗？

▶ 核心是标准化流程

其实，顾客会有这种感觉是因为呷哺呷哺的卖点从来就不是服务，它强大的根源是标准化流程。

流程就是企业组织各个机构和岗位角色个人做事方式的总和。它直接制约着企业组织运行的效率和效益。

流程有何力量？流程造就了闻名世界的丰田生产方式。著名的丰田管理让丰田迅速跻身行业第一，它是高效率的工业代表。

现在很多企业的管理越来越规范化，关键就在于推行流程管理。流程管理让我们对自己所熟悉的工作有了更深刻的认识，让我们了解了流程中的每一个细节，也了解了每个岗位的工作与其他岗位工作的衔接关系。但是，很多企业都没有认识到流程管理的核心是什么。

流程管理的核心就是管理流程中的变动，所谓流程中的变动就是流程

中有一块移动的短板，消除变动性的方法就是标准化。对快餐连锁企业而言，如果要发展壮大就必须走一条标准化之路。在这方面，呷哺呷哺做得还是不错的，呷哺呷哺通过用心设计其流程来减少流程中的变动性，尽可能缩短顾客在店时间。

▶ 流程标准化就是控制每一个环节的变化，消除短板

要控制顾客在店的每一个环节的时间，就要控制每一个环节服务、用餐内容的标准化，尽可能把变化控制在很小的范围内。呷哺呷哺通过标准化的流程设计，控制顾客在店的每一个环节的时间，从而消除服务流程中的短板，让顾客在最短的时间内用餐完毕。

第2章 | 核心战略：海底捞的主动服务战略VS呷哺呷哺的低成本战略

5. 门店选址策略

门店是实现餐饮企业功能的载体，也是餐饮企业最基本的运营单位。"一步差三市"在商业领域是一个通行的说法，门店的选择决定了一个餐饮企业的经营和发展状态。正确选择餐饮企业店址，能够使企业本身获取发展的先决条件，带来源源不断的顾客及丰厚的利润。

如果选址得当，企业就会在规模相当、经营服务水平相当的情况下占有优势，取得良好的经济效益。而且，门店选址对于餐饮企业来说是一项长期的投资，它的位置是固定的，资金投入量大、投入时间长，合同期长。因此，从某种程度上来说，选址关系到餐饮企业的发展前程，也是企业战略组合中灵活性最差的因素。从长期来看，选址将会影响到企业的整体战略规划，因此，选址应该尽量做到与企业的经营目标、宗旨、战略等一致。从短期来看，门店选址也会影响到诸如产品价格、产品种类、促销手段等，而产品价格、产品种类、促销手段则是餐饮企业战略组合的重要组成部分。

对于餐饮企业来说，选址实际上就是选择顾客，也就是说你所选择的地方就决定了你的顾客群体。生活中有一种现象，就是某个地方的餐馆会经常更换，这两年是一个老板，过两年就换了一个，如此往复。为什么呢？一般来说，一个餐馆的特色，比如菜式、口味是固定的，变化很小，周边的顾客长期吃就可能吃腻了，只好关门换一家不同特色的。但是，有些餐饮企业却可以在很多地方长期生存下来，比如麦当劳、全聚德。原因在哪里呢？对于麦当劳来说，食物品种很少，顾客很容易吃厌，但是麦当劳选址在人流多的地方,每天都有不同的顾客上门,当然就不会生厌。高端的品牌店全聚德通常是请客的场所,它的品牌影响力就是生存的基础。

企业选址是否正确一定程度上体现在每天来吃饭的顾客人数上,也就是需求的变动上。如果顾客需求变动小,也就是说每天来吃饭的人数差异不大,那么选择就是正确的(如图2-11左图所示)。如果需求变化很大,也就是说每天来吃饭的人数差异大,那么选择就是不正确的(如图2-11右图所示)。

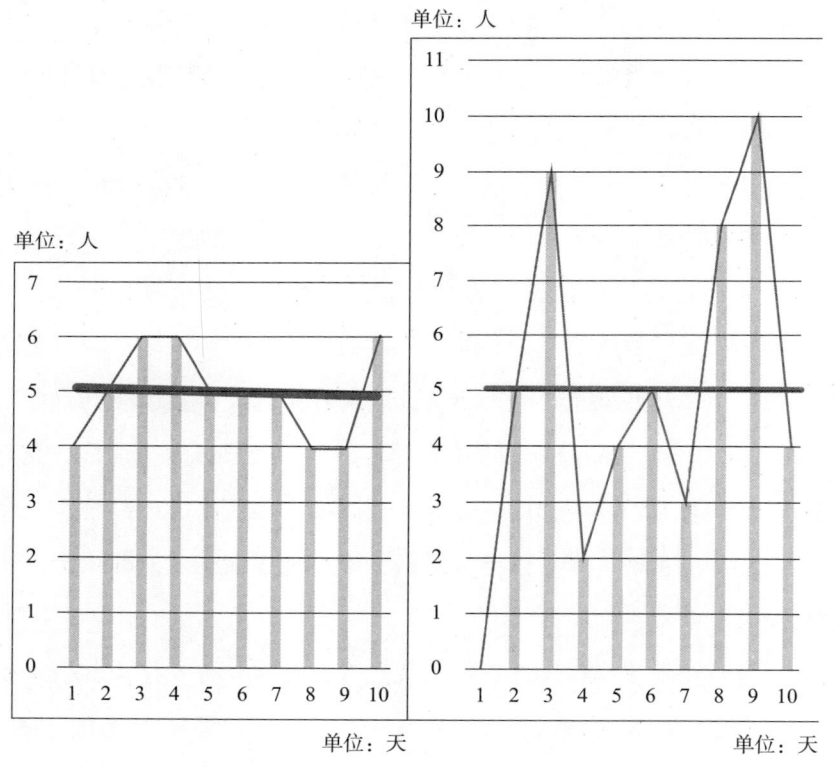

图2-11 选址对顾客人数的影响

图2-11中两个图的平均值都是5,但左图是在4和6之间变化,右图是在0和10之间变化。

如果餐馆每天的顾客数变化小,餐馆就比较容易准备食材量,不会缺货太多，也不会剩余太多；同时服务员的数量也好确定，服务员不会太忙，也不会太闲。如果变化大，餐馆就不确定准备多少食材，要么缺货太多，要么剩余太多；同时服务员数量也不好确定，要么太忙，要么太闲。

海底捞选址重人气

▶ 海底捞考虑选址因素

海底捞总共有1300多家直营餐厅，是中国百强餐饮企业之一，作为后起之秀，它的发展不可谓不迅速。海底捞每年新开的门店数量是可观的，并且几乎每一家门店都取得了良好的经济收益。门店选址的成功，直接促进了它的稳步发展。海底捞的战略定位是差异化战略，以服务来突出它的差异化。那么，海底捞的选址是如何在战略定位这个大背景下进行的呢？

海底捞的门店选址大致有以下四个特点：

（1）交通便利。交通便利既是为了方便顾客前来，又让它的产品配送更加方便。

（2）便于泊车。有足够的泊车位能够方便顾客泊车，这也体现了其差异化服务。

（3）选择较繁华地带或具有潜力的地带。

（4）扎堆选址。海底捞非常看重这一点，它认为，在餐饮门店扎堆的地方，虽然租金会很高，竞争也会很激烈，但是如果能比竞争对手做得更好，就更能突出自己，赚取的利润就会比这些门店多。

▶ 扎堆选址，全靠人气

海底捞的选址不一定是人流集散最快最多的商圈，但一定是餐厅比较集中的地方，并且还要考虑到门店的规模大小（海底捞的门店面积一般比较大)。因此，就数量而言海底捞门店比真功夫、呷哺呷哺、麦当劳等快餐店会少很多，但是它却能保证每家门店顾客盈门，客流不断。

海底捞要在扎堆的餐饮企业中脱颖而出，就必须要有区别于这些餐饮企业的突出特色。所以，成立伊始，海底捞就奉行服务第一、服务制胜的理念，最终以差异化服务树立了自己的品牌特色，从而使得它的整体经营状况表现非常优秀。

▶ 人气导致顾客数量的变化小，交通便利避免客流短板

海底捞通过"变态"服务的口碑，获得了超高人气，所以它并不用担心客源。很多人为了到海底捞聚餐，不惜车马劳顿。海底捞选址在交通便利的地方，也为客流提供了保障，避免了客流短板。

呷哺呷哺选址重人流

▶ 快餐选址考虑因素

呷哺呷哺的发展非常快速，在短短十几年间，已经有了1000多家门店，遍布全国大多数城市。相较于海底捞，呷哺呷哺的门店开设速度更快，门店数量更多。

它是快餐火锅，主要着眼于快餐。快餐是随着快节奏的生活方式而产生的一种简单、快速的供餐方式。它最显著的特点是快，主要体现在顾客等位时间短、在店时间短、路程所需时间短等方面。因此，对它来说，选址会有一些特殊的要求，选址问题也成为它经营成败的关键。作为快餐店的呷哺呷哺，在选址时注意了以下几个问题：

第一，所选地区的人口环境。首先，选择人口总量大、密度高的地区开新店。其次，选择年轻夫妻居多的地区会好于老年人多的地区。最后，

还应该看所选地区人们生活节奏的快慢。相对来说，生活节奏快的地区机会大于生活节奏慢的地区。

第二，所选地区人员的平均收入水平。一个地区人群的收入水平会直接影响他们的消费习惯。如果收入水平偏低，那么外出用餐的欲望就会被压抑；反之，则不会选择到快餐店用餐，而倾向于更高档的餐厅。只有收入水平中等、工作节奏较快的地区人流量才会大，到快餐店消费的概率才会更高。因此，收入水平中等、工作节奏快的地区是快餐门店选址的理想场所。

▶ 快餐选址靠人流

由于呷哺呷哺的快餐性质，顾客到店消费时，支付的价格相对更低，因此它就需要更多的流动人群来保证高翻台率。围绕既定的低成本战略，高翻台率是其利润的保障，因此，呷哺呷哺的门店大都选址在人流多且节奏快的商圈。

▶ 大量人流避免顾客数量的短板

选址正确能够保证大量人流，这样才会有足够的客源进店消费，否则，客源就将成为呷哺呷哺的短板。

海底捞单店面积大，店面数量少

▶ 海底捞店大数量少

海底捞每个店的面积都比较大，一般在600平方米以上，开店的数量相对较少（如图2-12所示），为什么海底捞这样做呢？

▶ 大区域避免客流短板

海底捞单店面积大,这样它覆盖的区域大,相应地,潜在客源也就多。因为海底捞的人气高,所以顾客不惜从较远的地方来海底捞吃饭。如果海底捞多开店,开小店,就可能出现某个店人满为患而另一个店无人问津的情况。因为每天吃饭的客源是在变化的,可能今天这个区域的人多一些,明天另一个区域的人多一些。一个大店覆盖两个区域,就可以避免这种情况。

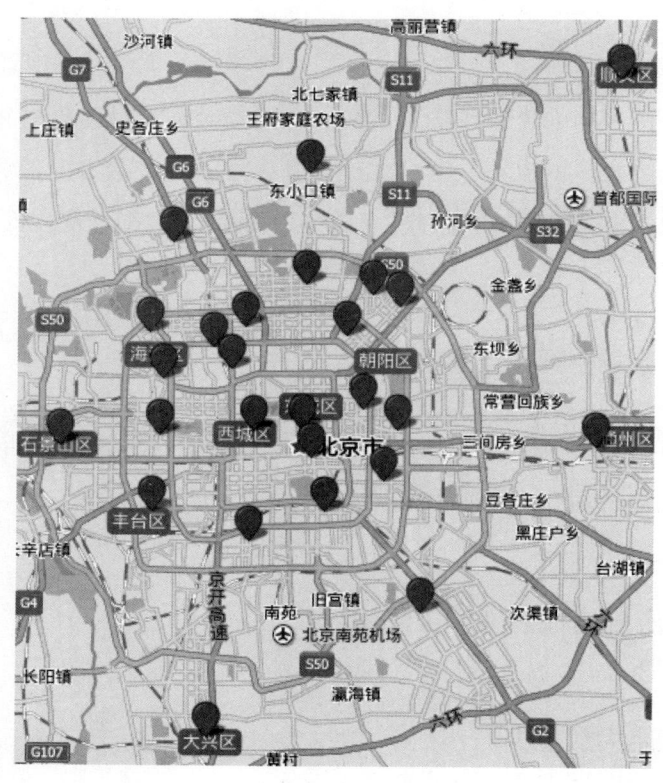

图 2-12　海底捞店面分布

呷哺呷哺单店面积小，店面数量多

▶ 呷哺呷哺店小数量多

呷哺呷哺单店面积较小，一般不超过300平方米，但是门店的数量很多。以北京为例，呷哺呷哺总共有200多家店，分布非常密集（如图2-13所示）。那为什么呷哺呷哺采用的策略和海底捞截然相反呢？

图2-13 呷哺呷哺店面分布

▶ 店多避免距离短板

呷哺呷哺定位为快餐，为白领或购物人群快速解决吃饭问题。对于快餐店，人们一般步行前往，而且希望步行的时间不超过15分钟，所以呷哺呷哺开的店要离顾客近，就必须多开店。由于店面数量多，因此每个店覆盖的区域小，相应客流也小，单店面积也就更小。

要点回顾

在企业经营中，把产品分散存放改为集中存放，可以降低需求不确定性带来的变动,从而减少安全库存(如图2-14所示)。

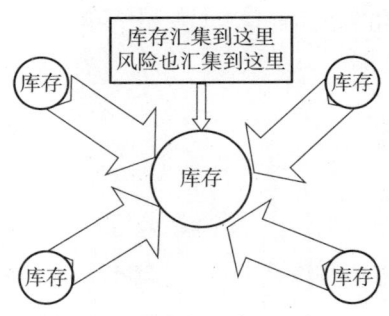

图2-14　库存风险

比如,沃尔玛的单个店面都很大,店面数量相对较少,每个店覆盖的区域比较大。这样做是因为顾客的需求是变化的,而需求的变动对沃尔玛的库存管理是极大的挑战,所以减少需求的变动可以减少库存,从而减少运营成本。如果把更多人的需求汇集到一起,沃尔玛就可以把库存也拼起来,从而减少库存,降低运营成本。

我们假设零售商甲一家店可以覆盖1万个家庭,而零售商乙一家店可以覆盖100个家庭,那么零售商乙要覆盖1万个家庭就需要100家店。由于每个家庭的需求是不断变化的,为了达到同样的顾客满足率,零售商甲的安全库存只是零售商乙的十分之一。就像保险公司的做法一样,因为每个人都会遇到风险,当风险真正发生时,个人往往难以承担后果,所以保险公司就可以把大家的风险汇集到一起,这样整体的风险就可以减少,从而最终达到减轻个人的风险负担兼顾赚钱的目的(关于安全库存可以参见《做事的科学:细节与流程》)。

这样的逻辑也可以用于分析海底捞和呷哺呷哺,可以认为海底捞是把呷哺呷哺的几个店合并成了一个店。在满足同样多顾客需求的情况下,海底捞需要的库存更少。

6. 顾客群定位

顾客是企业利润的重要来源，因此，面向什么样的顾客群体也是不得不考虑的重要因素。物质水平的发展改变着人们的生活习惯，如今外出用餐已成为一种普遍现象。面对这个繁荣的市场，餐饮企业面临着各种机会，也面临着各种挑战。任何餐饮企业都不能做到"求全"，例如快餐企业只能满足生活节奏快或者仅仅想快速解决吃饭问题的那一类顾客的需求。鉴于此，餐饮企业就要做出选择，对顾客群体进行细分，选择符合本企业定位的顾客作为服务对象。

对以门店为中心的商圈内的顾客群体、人员构成进行适当的分析，比较容易了解这部分消费者的特点、收入信息等，再根据所得到的这部分信息分析他们消费的意愿。排除那些不符合本餐饮企业的顾客，集中精力培养属于本餐饮企业的忠实客户。

海底捞的顾客群体选择：休闲享受

▶ **休闲聚餐为了服务好**

到海底捞的顾客大多是家庭或友人聚餐，相对而言，这部分顾客也是收入较高的群体，此类顾客的消费习惯会更讲究。他们除了比较讲究菜品品质之外，也更关注餐厅环境的舒适度、休闲度、清洁度及服务的体贴度。

针对这类顾客的消费诉求，海底捞不仅始终坚持为他们提供新鲜、营养、健康的菜品，更是以贴心的服务照顾到了他们特殊的需求。

▶ 一切与火锅无关，超高人气避免客源短板

到海底捞的顾客，主要不奔着它的火锅口味，而是它的服务。因为海底捞超高的人气可以把顾客从四方八方吸引过来，所以就不会有客源的短板了。

呷哺呷哺的顾客群体选择：吃饱

▶ 匆匆过客为了肚子饱

门店集中在人流流转快的商圈内的呷哺呷哺，定位的是那些在购物之后急需用餐的饥肠辘辘的人或是生活节奏快、时间紧凑的上班族。进店消费的顾客大多是一人、两人，很少能看到在海底捞一样多人同桌聚餐的情形。因此，呷哺呷哺在店面餐桌布置方面花费了不少心思，它的原则是充分利用店内空间，以便容纳更多的顾客。

▶ 只为填饱肚子，大量需求避免客源短板

在呷哺呷哺，大家突出的诉求就是填饱肚子，当然在填饱肚子的基础上体面些更好。因此，只要在吃饱的基础上再加那么一点点好的环境，保证卫生，就不愁客源了。

海底捞与呷哺呷哺比较

战略是纲，海底捞与呷哺呷哺都有非常明确的竞争战略定位，如表

第2章 | 核心战略：海底捞的主动服务战略VS呷哺呷哺的低成本战略

2-2所示，即使作为外行也能清晰地看出二者之间的差别。在其战略指导下，两家企业分别对诸如门店选址、顾客群体选择等都做到了把握有度。例如在顾客群体选择方面，它们都对不符合自身战略定位的顾客进行了分流，尽量争取、培养属于本企业的忠实客户。

表2-2 海底捞与呷哺呷哺战略及相关对比总结

企业	海底捞	呷哺呷哺
战略选择	差异化战略（服务为特色）	低成本战略
门店选址	扎堆选址	人流量大、流动快速的商圈
顾客群体选择	关注餐品及服务的人群	偏年轻、工作节奏快的人群

要点回顾

海底捞和呷哺呷哺的战略选择（见表2-3）。

表2-3 海底捞和呷哺呷哺的战略选择

企业	海底捞	呷哺呷哺
战略选择	差异化	低成本
具体形态	主动服务	标准化
顾客在点时间	尽可能延长	尽可能压缩
核心资源	员工	流程
门店选址	扎堆	人流多的地点
目标顾客	聚会	用餐
定价策略	高	低

对于餐饮企业甚至各行业大多数企业来说，都是在低成本和差异化战略中选择。海底捞和呷哺呷哺给我们提供了选择两种战略的典型例子。也就是说，海底捞在差异化的主动服务方面是非常彻底的，而呷哺呷哺在低成本方面也是做得非常到位。

从图2-15来看，企业需要在灰色区域做出战略选择，要么低成本，这就需要实施标准化；要么差异化，这往往意味着高成本。当然也可以实施一定程度的差异化，而成本也相对适中。呷哺呷哺选择低成本战略，所

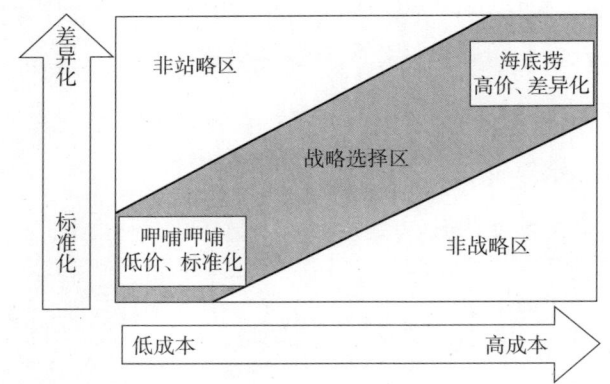

图 2-15 两种战略对比

以它在标准化方面就做到了极致。海底捞选择差异化，所以它在服务方面就做得很彻底。大多数企业在图中灰色区域中选择了一定程度的标准化和差异化相结合的中间战略。图 2-15 中非战略区是说企业不可能同时实现低成本和高度的差异化，当然也不会傻到把标准化做得成本奇高无比。

至于企业的核心资源也需要和企业的战略选择相一致。海底捞的主动服务完全依赖于人，员工就是它的核心资源。呷哺呷哺的标准化的目的就是不依赖于人，所以需要很好的流程设计。选择中间战略的企业既需要一定程度的流程设计，也需要在一定程度上依赖员工。比如，一家以独特口味著称的餐饮企业会严重依赖厨师，厨师的成本就比较高，它需要通过合理的标准化流程设计来降低成本。

对于大多数餐饮企业来说，像海底捞一样扎堆选址是不二选择，因为单店是很难长久生存的。当然对于快餐来说情况则有不同，即使孤零零一家店，如果是在人流很多的地方，也是正确的选择。很多知名的餐饮企业也可以靠品牌选择独此一家的地方。

一家企业如果想做大，就必须以大多数人群为自己的服务对象，这时候低成本战略就是必要的，毕竟一般老百姓都希望物美价廉。当然很多大企业不仅以低成本作为自己的战略，也会辅以差异化，以满足尽可能多的

第2章 核心战略：海底捞的主动服务战略VS呷哺呷哺的低成本战略

顾客需要，不过差异化的度是需要控制的，否则成本将不受控制。

至于在店时间，因为海底捞要让顾客体验到它的"变态"服务，所以需要足够的时间，它希望顾客在店时间长一些。呷哺呷哺对顾客来说就是为了解决肚子饿问题，而且希望价格低，因此呷哺呷哺就会尽可能压缩顾客的在店时间。对于其他企业来说，如何控制顾客的在店时间也是需要考虑并精心设计的。因为餐饮企业就如同航空公司、电影院、宾馆，它们在一段时间内丧失的顾客是无法在其他时间补回来的。比如，高峰期因为餐厅没有座位丧失了50位顾客，这50位顾客并不能通过员工加班再补回来。餐饮、航空、电影院、宾馆都是即时消费，顾客的消费无法延迟。航空、电影院、宾馆可以通过价格来调节，高峰期价格高，低峰期价格低。由于用餐时间相对刚性，所以价格手段往往并不适用。

7. 定价策略

企业经营的目的是什么？两个字：赚钱！

任何一家企业的经营活动都是围绕利润最大化这样的目标来展开的。与利润直接相关的便是价格。正确的定价策略有利于企业扩大销售，增加利润，从而增强企业的自我改造能力；如果定价策略失误，即使其他方面的工作有成效，也会削弱企业本身的能力。

定价是实现企业利润的一个手段，定价策略则是一家企业在战略、运营等多方面的综合体现，可以说定价策略会在很大程度上决定企业的生存空间和发展速度。餐饮业作为服务行业，它的定价更多依赖它所定位的消费群体以及其本身提供的服务。

依据大众点评得来的数据，海底捞北京地区人均消费约为90元，呷哺呷哺北京地区人均消费约为40元。相对来说，海底捞的人均消费价格更高；呷哺呷哺反之。海底捞与呷哺呷哺的定价有高有低，而对于它们价格之间的差异，我们不能仅凭数字的大小来判定，而更应该看到价格后面隐藏的逻辑。

海底捞的高价策略

▶ 海底捞高价

在北京，海底捞的人均消费是90元左右，这是一个中等偏上的价位。

一切与火锅无关

海底捞因为它优质的服务、舒适的环境,以及更多可选择的食物,使得顾客愿意为高价买单。在整个价格体系中,服务占比很高,相对而言,环境和食物的占比就要低得多(如图2-16所示)。可以说,海底捞是借餐饮之名行服务之实。

平均单人消费额=食物价格(高)+环境价格(高)+服务价格(高)

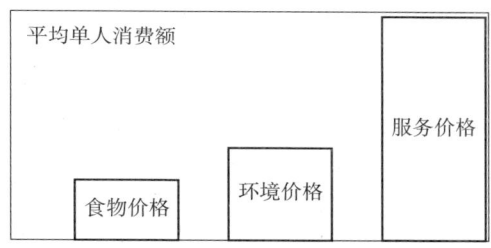

图2-16　海底捞的平均单人消费额

呷哺呷哺低价策略

呷哺呷哺低价

在北京,呷哺呷哺的人均消费是40元左右,这个价格在同类的火锅企业中也算得上低价。这是因为呷哺呷哺不仅食物价格相对低廉,而且空间狭小,只提供基本服务,从这几个方面来看,低价也是顺理成章的。

呷哺呷哺只为填饱肚子

呷哺呷哺之所以低价,就在于顾客去呷哺呷哺就是为了填饱肚子,而对环境和服务并没有太高的要求。所以,呷哺呷哺的价格中食物占比很高，而环境和服务占比很低（如图2-17所示）。

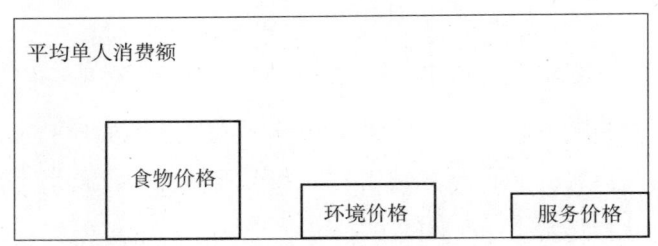

图2-17　呷哺呷哺的平均单人消费额

呷哺呷哺单人消费额＝食物价格(低)＋环境价格(低)＋服务价格(低)

要点回顾

海底捞单价高，所以收入高；呷哺呷哺单价低，所以收入低。

海底捞每天收入(高)＝在店顾客数×单人消费额(高)÷每人用餐时间

呷哺呷哺每天收入(低)＝在店顾客数×单人消费额(低)÷每人用餐时间

| 第 3 章 |
品牌定位

海底捞适合休闲，
呷哺呷哺是快餐店

第3章 | 品牌定位：海底捞适合休闲，呷哺呷哺是快餐店

1. 后厨功能

一般而言，餐馆的位置往往在繁华地段，租金高，如何充分、合理利用空间非常重要，由于海底捞和呷哺呷哺的战略定位不同，因此它们利用空间的理念也不一样。

在店用餐顾客数＝门店的用餐面积÷单个顾客占用面积

餐厅有前台、后台（分厨房及配送）。后厨之于餐厅是什么？是一家餐厅的心脏。后厨运转正常有序，整个餐厅运转才会有序。现代意义上的后厨已经不仅仅是小角落里的厨房了，而是包括了有着强大加工能力的现代化食品加工厂。所以，这里我们介绍的后厨，会在传统厨房的基础上有所延伸，把后厨的链条拉长。

食品加工厂也就是中央厨房，是现代连锁餐饮企业所必备的。对连锁餐饮企业来说，压缩门店后厨、倚重中央厨房的模式有很多优势：原料采购统一管理，控制住进货渠道，保证食品安全和各连锁店菜品质量统一；对小料及食物精确配比，标准化生产，确保口味一致。由于中央厨房完成了大部分工作，留给门店后厨的工作少，因此可以节省空间，为餐饮企业创造更多的收益。

门店的用餐面积＝店面总面积－后厨空间

虽然海底捞和呷哺呷哺都建有中央厨房，但由于它们自身的定位不同，它们门店后厨的工作就有很大的差别，所需空间也不尽相同。海底捞

适合休闲聚餐，后厨功能较复杂，所需空间就大；呷哺呷哺定位为快餐店，后厨要处理的工作环节比较简单，空间也很紧凑。

海底捞后厨：功能多，空间大

▶ 中央厨房节省空间

现代企业的后厨都尽可能精简，很多工作放到中央厨房完成，这样就可以减少门店的工作人员，节省门店后厨的面积。

海底捞后厨一改前店涮锅、后店原料加工的作坊模式，成为典型的现代食品工厂。它在全国拥有4个大型物流配送中心，在食品中心有现代后厨的全部设备：食品检测室、蔬菜清洗生产线。

海底捞在北京大兴兴建了现代化的配送中心。在这里，有原料展示室，用透明容器陈列展示着鱿鱼、毛肚、油、辣椒、芝麻酱等几十种火锅原料及调味料，并以一优一劣进行对比，十分形象。比如，海底捞不会出售用火碱发制的水货，不会用地沟油，不会用掺假的芝麻酱，等等。在这个陈列室会将好坏原料进行对比展示。

对于一家餐饮企业来说，没有了食品安全就没有了企业生命，为了确保安全问题，海底捞制定了各种生产标准。

行业标准：通过国际最严格的HACCP等食品安全标准强化管理。

采购标准：全国择优集中采购。

自身执行标准：按区域建立配送中心；让员工积极主动做好食品安全工作；网络公开原材料供应商，让消费者进行监督。

▶ 菜品多、规格多，要求后厨空间大

海底捞由于菜品多、规格多、餐具易碎等因素，后厨工作相对复杂，其作业人员多，要求空间大（如图3-1所示）。

第3章 | 品牌定位：海底捞适合休闲，呷哺呷哺是快餐店

海底捞量化标准执行得非常严格，每份锅底中红枣、蘑菇、黄瓜等配菜数量都是统一的，由此保证口感和品质。

摆得整整齐齐的配菜架子。海底捞所用的香菇等菜品均是在海底捞基地加工而成，省去中间环节，让顾客吃得放心。

在餐厅通往后厨的通道中，负责传菜的服务员正等待配菜员配菜。

顾客所用的汤勺和漏勺在经过清洗消毒后放置在架子上，并用保鲜膜封起以保证卫生。

海底捞每种菜品每盘重量都保持一致。

负责配菜的阿姨工作中。

洗菜

备菜

备菜

制作锅底,按下按钮,底汤自动流出

红番汤鸳鸯锅底制作中

洗锅底

图 3-1　海底捞后厨工作复杂

资料来源：XIN 美食。

海底捞的后厨非常先进,配备了现代化的厨房设备,保证了食品安全和标准化。它所有食品原料实行统一配送,蔬菜是配送中心冷藏车运来的净菜,厨房的活就是切断摆盘。

在海底捞的门店里会配置冷藏箱,用来盛放密封着的当天的火锅食材样品,并且样品保留 48 小时。这样如果发生食品安全问题,就可以通过样品追溯到原材料及供应商。留样是海底捞对顾客在安全方面的承诺。

▶ 餐具复杂、易碎,要求后厨空间大

用客满为患来形容海底捞生意火爆一点儿也不夸张。面对数量庞大的餐客,足够的餐具是必不可少的。每天反复使用的餐具卫生情况不容忽视,那海底捞的餐具是如何清洗消毒的呢?具体步骤如图 3-2 所示。

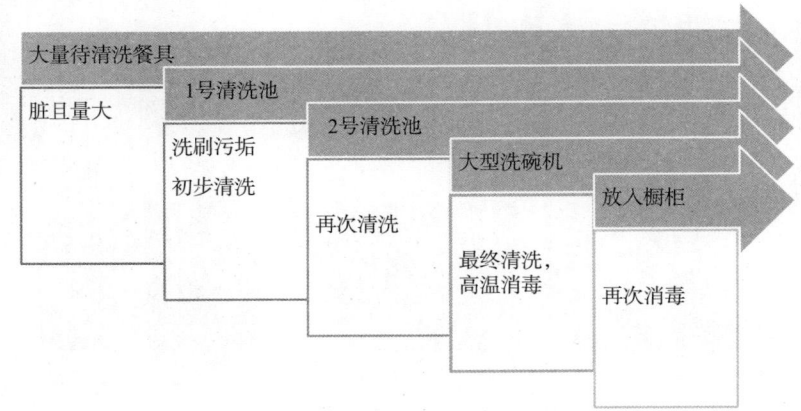

图 3-2　海底捞餐具清洗简图

从图3-2中可以看出，海底捞餐具都是经过五个步骤，严格消毒后才让顾客使用的。

餐具除了要进行两次消毒之外，员工在摆放餐具的时候，也非常注意卫生，一定会戴上一次性手套，这样做是为了避免餐具受到再次污染。严格清洗、消毒、戴手套，精心为顾客考虑，就是为了保证餐具到顾客手中时是干净的。

▶ 开放式厨房，要求空间大

在餐厅，"厨房重地，顾客止步"的标志很常见，而海底捞却正好相反，它会敞开后厨大门供顾客参观。这个开放式的厨房可以让人对内部情况一目了然。虽然顾客看到的可能仅仅是后厨链条上的一个点，但在餐饮界，这已经算是一大进步了。

无论是食品安全问题，还是餐具卫生问题，海底捞都尽可能将其展示在阳光下，避免"罪恶"产生。

餐饮企业门店都在租金昂贵的地方，因此要充分利用门店面积，尽可能多容纳顾客，所以后厨的工作越简单越好。对于有能力建中央厨房的餐饮企业而言，后厨的工作都尽可能放在中央厨房完成。但不同定位的餐饮企业的后厨也不一样，相对来说，海底捞门店的后厨工作还是要复杂得多，后厨所需空间大一些，用餐空间就被压缩得相对小一些。

▶ 不让后厨成为服务的短板

海底捞由于要满足顾客多样化的需求，虽然很多工作已经在中央厨房完成了，但还是有相当多的工作需要在后厨完成。也正是因为有这样复杂的工作，满足了顾客的需要，才不会让后厨成为海底捞服务链条上的短板。

海底捞门店的用餐面积（小）＝店面总面积－后厨空间（大）

呷哺呷哺后厨：简单紧凑

▶ 中央厨房完成大部分工作，后厨空间要求小

呷哺呷哺和大多数餐饮企业不同，它是先建中央厨房再开门店，有这样意识的企业创始人对连锁餐饮有深刻的理解。

呷哺呷哺从 2008 年开始就全面启动了"农餐对接"工程，保证新鲜蔬菜在 24 小时之内从田间地头运到餐桌。"农餐对接"的实现不仅使菜量和品质得到了保证，更因减少了大量的批发转运等中间环节，使农民、消费者和企业形成了多赢的发展循环。供应商从生产基地到物流中心，再到各家门店，蔬菜配送做到了全程冷链。呷哺呷哺在北京、天津、河北、上海的门店全部实现了日配制零库存。勤进快销，加快周转，都是为了提升新鲜程度。"农餐对接"是呷哺呷哺对消费者食品安全的承诺，因为质量是生命，值得加大投入人力、物力、财力。锅底、小料等由中央厨房统一生产加工后，配送到店直接用就行了。

▶ 菜式、小料、餐具简单，所需空间小

呷哺呷哺由于菜品少、规格少、餐具简单不易碎等因素，后厨工作相对简单，需要的服务员少、空间小，留给顾客的用餐空间就更大。

▶ 不让后厨成为时间的短板

呷哺呷哺尽可能在中央厨房完成复杂工作，这样留给门店的工作就简单多了。门店简单的工作使得响应时间变短，因此简单的厨房也是呷哺呷哺能够快速、高效运转重要的一环。

呷哺呷哺门店的用餐面积（大）= 店面总面积 − 后厨空间（小）

2. 餐台布置

餐台布置关系到服务空间和用餐空间。什么是服务空间？此处的服务空间是指海底捞和呷哺呷哺两家企业限定的各自服务员服务活动范围的大小。服务空间和餐台布置相关，同样也会影响到顾客用餐空间的大小。海底捞的空间布局沿袭传统风格，开放的空间有利于服务员扩大活动范围；呷哺呷哺的空间布局更像工厂的 U 型流水线，充分体现了精益生产的特色。

门店的用餐面积＝店面总面积－服务空间

海底捞的传统布局

▶ 海底捞服务空间大，用餐空间就小了

海底捞店内餐桌保留了传统餐饮店的布局，这种布局相对开放，更有利于服务员大范围活动（如图 3－3 所示）。

显然，如果餐厅面积相同，海底捞由于服务空间大，用餐面积就小。

海底捞门店的用餐面积(小)＝店面总面积－服务空间(大)

如果两个店单个顾客占用面积相同，那么海底捞的用餐顾客数就少。

海底捞用餐顾客数(少)＝门店的用餐面积(小)÷单个顾客占用面积

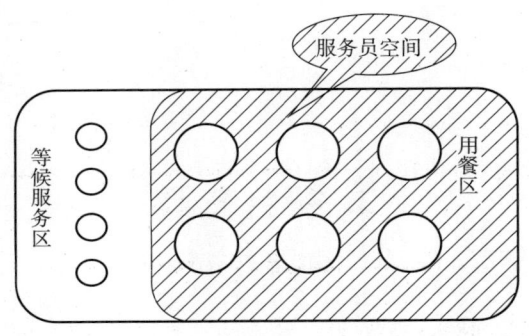

图 3-3　海底捞服务空间

▶ 大的服务空间为了更好地服务

海底捞的服务员活动范围相对自由，人均活动空间大。扩大服务员的活动范围，是为了让其能够随时为顾客提供个性化的贴心服务。虽然由于服务员活动空间增大导致顾客用餐空间变小，但这也是海底捞在提高每位顾客的平均消费额上采用的一种方式。只有贴心的服务才会让顾客自愿支付更高的价格，这对海底捞提高消费率有明显促进作用。

▶ 不让服务空间成为服务的短板

要让服务员给顾客提供充分的服务，服务员就需要多走动，所用空间就大一些。如果还想让顾客一饱眼福看表演，空间就需要更大一些，否则服务员真的就和顾客太"亲密"了。

呷哺呷哺的 U 型餐台

▶ U 型餐台布置压缩服务空间

呷哺呷哺的门店内将餐桌主要布置成工厂中常见的 U 型线（如图 3-4

所示),这种布局把服务员活动空间限制在 U 型餐台中间,使得服务员的活动空间很小(如图 3-5 所示)。

图 3-4　U 型餐台

资料来源:4travel.jp。

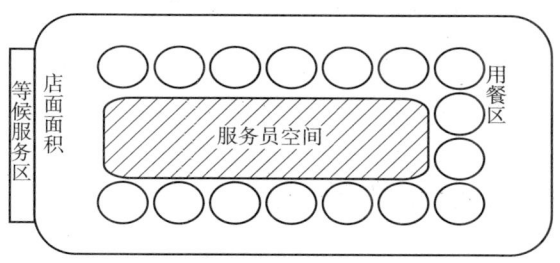

图 3-5　呷哺呷哺服务空间

▶ U 型餐台布置是精益生产的特色

U 型生产线的优势在于:

(1) 占地面积小,工人在 U 型线内工作,四周都是工作台。

(2) 工作效率高,工人在工作台里面转圈工作,没有空闲走动,效率高。

呷哺呷哺将工厂中的这种布局运用到餐桌布置上，餐桌设计成 U 型吧台，充分利用了"U 型线"的优势，同样面积可以容纳更多顾客。

▶ U 型餐台布置加快用餐速度

因为 U 型台布置，服务员活动空间是有限的，因此他们响应顾客服务需要的时间更短，顾客会更快离店，使得门店周转时间更短。这就意味着单位时间店内的消费率会更高。

▶ 压缩服务空间，增加用餐空间

呷哺呷哺会尽量压缩服务员的空间，目的是增加顾客用餐空间。

很显然，如果餐厅面积相同，呷哺呷哺由于服务空间小，用餐面积就大。

$$呷哺呷哺门店的用餐面积(大) = 店面总面积 - 服务空间(小)$$

如果两个店单个顾客占用面积相同，那么呷哺呷哺的用餐顾客数就多。

$$呷哺呷哺用餐顾客数(多) = 门店用餐面积(大) \div 单个顾客占用面积$$

▶ 不让服务空间成为时间的短板

对呷哺呷哺来说，服务空间大除了浪费空间之外，还会因为服务员走动的距离过长导致效率降低，紧凑的空间让服务员的效率更高。

要点回顾

我们同样用利特尔公式来分析一下。

$$单店每天收入 = 在店顾客数 \times 单人消费额 \div 每人在店时间$$

同样的餐厅面积，海底捞所能容纳的顾客数量就比呷哺呷哺少，如此看来，岂不是海底捞很亏？前面我们说了，海底捞实际上卖的是服务，而且顾客愿意为此付费。用利特尔公式来分析：

每天收入＝用餐顾客数×单人消费额÷每人在店时间

在海底捞由于服务空间大，用餐面积小，用餐顾客数就少，但是海底捞的顾客愿意支付更高的费用。

海底捞每天收入＝用餐顾客数（少）×单人消费额（高）÷每人在店时间

对于呷哺呷哺来说，服务空间小，因此用餐面积大，用餐顾客数量多，呷哺呷哺的顾客可以支付更少的费用。

呷哺呷哺每天收入＝用餐顾客数（多）×单人消费额（低）÷每人在店时间

海底捞与呷哺呷哺对服务员空间设置各不相同，但都是在符合自身定位的基础上进行的。所以，它们都达到了提高消费率的目的，符合本企业的战略定位。

3. 用餐空间

每个人都有自己的用餐喜好，每个人又因为每日事务不同而对用餐环境有不同需求。顾客的用餐空间也间接反映了一家餐饮企业的定位，但是目前中国大多数餐饮企业面临这样一个问题：定位不明，所以对于顾客用餐空间的考虑就多多少少有点不伦不类。

海底捞与呷哺呷哺的顾客用餐空间也如其店本身一样，有属于自己的特色，在顾客用餐空间这个细节的考虑上可以说充分体现了它们的战略定位。

在店用餐顾客数 = 用餐面积 ÷ 单个顾客占用面积

海底捞的顾客用餐空间：富余宽敞

▶ **海底捞顾客用餐空间大**

海底捞属于传统的中式火锅，到这里用餐的顾客一般是偏向于聚餐休闲的群体，因此，他们更注重环境是否舒适。考虑到顾客的需求，为了使他们身心愉悦从而增加门店的消费率，也需要将顾客的用餐空间设置得宽敞舒适。

▶ **海底捞同样面积容纳顾客少**

由于海底捞单个顾客占用空间大，所以同样的用餐面积所能容纳的顾客就少（如图3-6所示）。

海底捞在店用餐顾客数(少) = 用餐面积 ÷ 单个顾客占用面积(大)

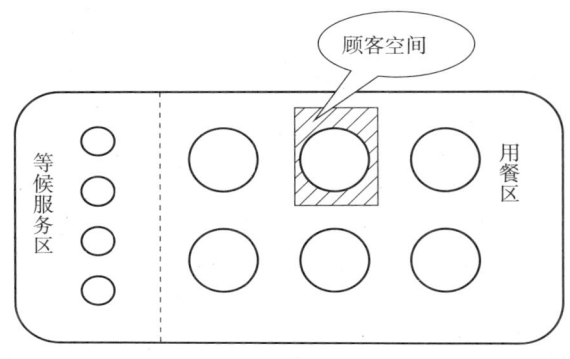

图3-6　海底捞顾客用餐空间

▶ 空间大体验更舒适

　　颇有名气的星巴克咖啡成功地创立了一种以"星巴克体验"为特点的"咖啡宗教"，它们销售的不仅仅是咖啡，而是力图通过咖啡这种载体把一种独特的体验传送给顾客，它成功经营的关键是服务。

　　如果说星巴克创造了一种"咖啡宗教"的话，那么中国的海底捞也创造了一种"火锅宗教"。同样地，它经营成功的关键也是服务，通过火锅这个载体，向顾客传达了一种顾客至上的体验式服务。

　　宽敞的顾客用餐空间会让人感到舒适、放松，这在无形中让海底捞在顾客心中有了好印象（如图3-7所示）；但同样的用餐面积所能容纳的顾客更少，这样一来增加了企业成本，使得海底捞的定价偏高。

　　换句话说，海底捞和呷哺呷哺如果定价一样的话，单位面积内海底捞获得的利润就会比呷哺呷哺少，而海底捞的各种成本却很高，海底捞就将难以为继，因此，海底捞的定价会更高。

实际留给顾客用餐的空间小了，
而每一个顾客占用的空间较大，
所以能容纳的顾客就少了。

图 3-7　海底捞的用餐空间大

▶ 不让顾客用餐空间成为服务的短板

顾客有闲适的心情才能享受服务，如果空间过于狭小，人不能完全放松，心态焦急，也就没有心情享受服务了。

呷哺呷哺的顾客用餐空间：一个屁股的面积

▶ U 型餐台布置空间利用率高，同样面积容纳更多顾客

呷哺呷哺将餐桌主要布置成 U 型吧台，吧台式布局让店铺单位面积内

的顾客容量增加了30%以上。此外，还有一字形吧台、两人桌、四人桌。这种格局能够充分利用有限的店面空间，尽量布置更多餐桌，使店内浪费的空间最少，能够充分利用空间增加门店每平方米的销售额。

▶ U型餐台布置加快用餐速度

呷哺呷哺是什么？它是快餐式火锅。它定位于快餐，那么经营活动的方方面面都将围绕一个"快"字展开，顾客用餐空间也不例外。

"U型线"设计可以提高翻台率，完成从"大众火锅"向"快餐火锅"的转变。"吧台式"设计让顾客与陌生人并排进餐，面前还有忙碌的服务人员，压缩了顾客的私人空间，从而达到缩短顾客在店时间的目的。

▶ 呷哺呷哺人均用餐面积也就是一个屁股的面积

呷哺呷哺为用餐的顾客提供一张小圆凳或小餐椅，硬实狭小的圆凳、餐椅给人局促之感，顾客在拥挤和不舒适的状态下用餐，潜意识里加快了用餐的速度（如图3-8所示）。

当然，这和到店内消费的顾客性质也不无关系，到快餐店消费的顾客一般都是为了赶时间或仅仅是为了吃饱。

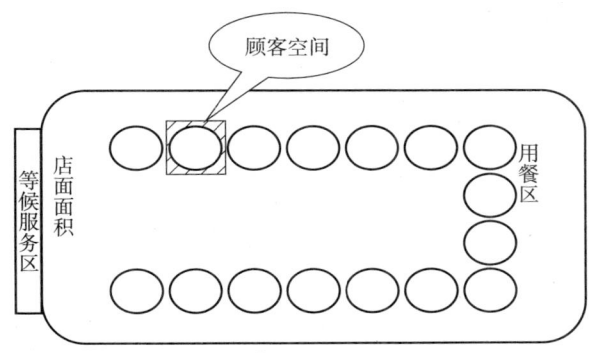

图3-8 呷哺呷哺顾客用餐空间

▶ 呷哺呷哺同样面积容纳顾客多

比较而言，呷哺呷哺单个顾客占用空间小，所以同样的用餐面积所能容纳的顾客就多。

呷哺呷哺用餐顾客数(多) = 用餐面积 ÷ 单个顾客占用面积(小)

▶ 不让顾客用餐空间成为时间的短板

顾客用餐空间小，除了能够容纳更多的顾客之外，还会让顾客用餐速度加快，顾客用餐时间被控制在一定限度内。

要点回顾

虽然海底捞用餐顾客数少，但是顾客享受了优质服务，愿意支付更高的费用。

海底捞每天收入 = 用餐顾客数(少) × 单人消费额(高) ÷ 每人在店时间

对于呷哺呷哺来说，用餐顾客数多，一切以"简"为目标，因此顾客可以支付更少的费用。

呷哺呷哺每天收入 = 用餐顾客数(多) × 单人消费额(低) ÷ 每人在店时间

4. 等候空间

大多数人都有用餐等位的经历，一到饭点，几乎各个餐厅外或多或少都有等位现象。如果只是枯燥地坐在一张凳子上等待叫号，或者不时张望店内是否已有空座位，那将是多么乏味的一件事。

关于等位，海底捞和呷哺呷哺在这个小细节中采取了两种不同的做法。

门店的用餐面积 = 店面总面积 − 等候服务区

海底捞的等候空间：宽敞舒适

▶ 等候空间大

在寸土寸金的商业地带，店面租金对于一家餐饮企业来说也是一项不可省去的庞大开支。尽管如此，海底捞也尽量在这弹丸之地开辟了相对宽敞的等待区域。在这有限的空间里，各种娱乐、各种服务一应俱全。五花八门的消遣娱乐方式为等位的顾客打发无聊的时间，相较于只在门口单纯地摆放几把椅子的餐厅来说，这可谓一种创新。海底捞牺牲宝贵的寸金之地，用餐空间相对就小了（如图3-9所示）。

很显然，如果海底捞和呷哺呷哺餐厅面积相同，海底捞由于等候空间大，用餐面积就小。

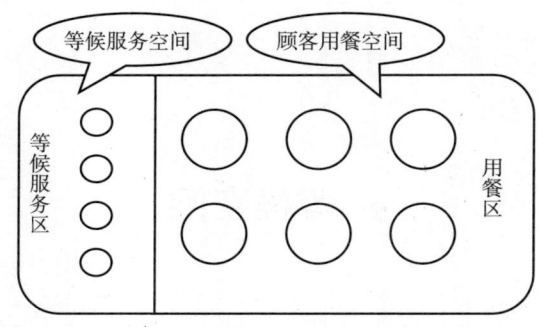

图3-9 海底捞等位空间

海底捞门店的用餐面积(小) = 店面总面积 - 等候服务区(大)

如果海底捞和呷哺呷哺两个店单个顾客占用面积相同，那么海底捞的用餐顾客数就少。

海底捞用餐顾客数(少) = 门店的用餐面积(小) ÷ 单个顾客占用面积

▶ "变态"服务从这里开始

海底捞的差异化服务战略，使得它在等位这个环节也与众不同。细节决定成败，既然服务至上，那么这个服务将是全方位的，任何一个细节都不能忽视，哪怕是为顾客递上一杯水、一张纸巾这种小事。

对于商家而言，没有无缘无故的付出，商家经营的目的无非就是获利。以服务著称的海底捞在等位上下足了功夫，这在无形之中提高了它的消费率。

既然排队现象不可避免，那么，如何让排队者对于耗时耗力的排队不那么排斥呢？如果企业理解透了这里面的学问，或许就会赢得无限商机。

海底捞的等位区域常常座无虚席，且等位的顾客大都很悠闲，并不着急用餐。为何？因为海底捞尽量把无聊的等待过程变得舒适、舒心：提供免费的零食、水果、饮料；提供游戏、网络、美甲、擦鞋等服务。海底捞通过这些措施，让长达2小时的等位变成一种享受。

海底捞给人的印象首先是"超级服务",其次才是"火锅"。海底捞的服务胜于美食,成为它独特的文化,成为它吸引顾客的制胜法宝。上网、下棋、无限量免费小吃、自制凉茶,甚至美甲、按摩。前厅偌大的等位区,"荒废"了不小的面积,你可以质疑它是噱头,而海底捞却明白顾客满意才是硬道理。

等位是顾客在海底捞的第一关,它决定了海底捞会给顾客留下什么样的第一印象,也在很大程度上决定了顾客是否到该企业继续消费,这就是首因效应。在营销管理中有个说法:开发新客户的成本是维护老客户成本的6倍,企业80%的利润来源于20%的老客户的重复购买,而维持住老客户就成了企业生存发展的重要保证。基于此,企业就该在首因效应上下足功夫,争取让更多的顾客成为回头客。

海底捞从等位就开始的"变态"服务正好印证了首因效应,力争给顾客留下良好的第一印象。

▶ 建立顾客池,提高翻台率

对于饥肠辘辘的人来说,等位使人烦躁,经常可以看到有人因为排队的太多、等位太久掉头就走。如果我是餐厅经理,一定是希望长龙一样的等位顾客全都能进到店里消费,看到这些顾客因为不想等位掉头就走,会觉得很可惜。怎么做才能留住顾客呢?这个办法海底捞想到了,它用优质的服务留住等位的顾客。

对海底捞来说,等位可以说是所有环节中最重要的一个环节。为什么呢?因为海底捞的顾客用餐速度相对慢,也就是说顾客的周转速度慢,如果没有大量等候的顾客,海底捞难以做到高翻台率。所以海底捞用等位时候的"变态"服务留住顾客,建立一个能够提供源源不断客流的顾客池。

▶ 不让等候成为服务的短板

很多餐厅对顾客等位持一种既爱又恨的心理:爱是因为餐厅受顾客青

睐，能多赚钱；恨的是顾客会不断询问，有的还等不及走了，心里怅然若失。然而海底捞却把等候变成了自己的独特优势，为自己存储了一个顾客池，成为它宣传优质服务的一个途径。

呷哺呷哺等候空间：狭小边角

▶ 狭小等候区，空间小

呷哺呷哺偌大的橘色牌匾上四个汉字加四组拼音，格外醒目。清亮透明的玻璃墙让门店内的景象一览无遗，店内人潮涌动；店外稀疏地摆放着几把简易椅子，这就是呷哺呷哺的等位区。

为了更形象直观地呈现呷哺呷哺的等位空间，如图3-10所示。

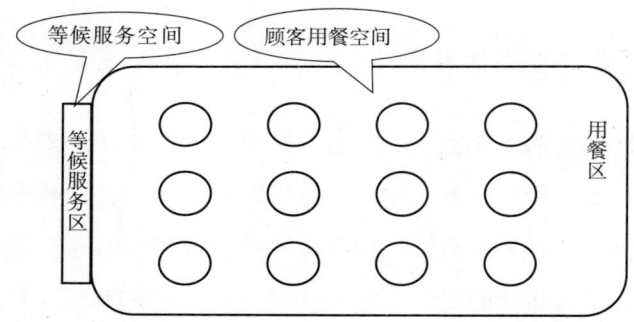

图3-10 呷哺呷哺的等位空间

很显然，如果餐厅面积相同，呷哺呷哺由于等候空间小，用餐面积就大。

呷哺呷哺门店的用餐面积（大）＝店面总面积－等候服务区（小）

如果两个店单个顾客占用面积相同，呷哺呷哺的用餐顾客数就多。

呷哺呷哺用餐顾客数（多）＝门店的用餐面积（大）÷单个顾客占用面积

▶ 高翻台率，等候时间短

呷哺呷哺之所以会如此设置，和它的高翻台率不无关系。

呷哺呷哺的等位区域狭小，等位区的服务简易，但是它却不担心因此给顾客留下不良印象。因为它对自己的周转速度有足够的信心，如此一来，顾客就不用花太多时间等候。呷哺呷哺用标准化的服务缩短时间来减少流失的等位顾客。

▶ 不让等候成为时间的短板

对呷哺呷哺来说，有更多顾客等候岂不是更好？说来好像如此，但是太长时间的等待会让人焦虑，而呷哺呷哺不像海底捞那样提供细致周到的服务，所以控制等候时间，不至于让顾客焦虑也是很重要的。而且，呷哺呷哺流转速度很快，顾客等待时间也比较短。

海底捞与呷哺呷哺数据对比

在写作本书的过程中，笔者对海底捞与呷哺呷哺的两个门店进行了考察，取得了如下一些数据（见表3-1）。

表3-1 海底捞与呷哺呷哺用餐面积、等候空间、服务空间及座位数统计

企业	海底捞	呷哺呷哺
面积（平方米）	450	110
实际用餐面积（平方米）	300	90
等候空间（平方米）	70	5
服务员空间（平方米）	80	15
用餐座位数	75桌（每桌最少4人）	100个
等位区座位数（个）	70	8
服务员数量（人）	62（等位处8人）	12（等位处1人）

表 3-2　海底捞与呷哺呷哺等位时间与等位空间的关系说明

企业	海底捞	呷哺呷哺
时间（分钟）	120	5~10
等位空间占比（%）	0.18	0.03
人均等位面积（平方米）	1	0.5
等位时间与等位空间的关系	留住顾客	保证快速，加快周转率

注：本章中所提到的库存均指门店内顾客的数量。

从等位空间的设置上可以看出不同企业战略定位的差异，海底捞的等位空间宽敞舒适，呷哺呷哺的则狭小局促。同时，从等位空间的设置上也可以看出两家餐饮企业在提高消费率方面所采用的不同策略，海底捞更注重提高平均在店顾客人数以及每位顾客的消费额，呷哺呷哺则更注重缩短周转时间。

数据显示，海底捞等位时间为 120 分钟，人均等位面积 1 平方米；呷哺呷哺等位时间为 5~10 分钟，人均等位面积 0.5 平方米。海底捞在较长等待时间里用高质量的服务留住了顾客，而呷哺呷哺用快速来吸引顾客，它们在提高消费率方面采取了不同措施，同时也影响了两家企业的定价。

要点回顾

我们同样用利特尔公式来分析一下。

单店每天收入 = 在店顾客数 × 单人消费额 ÷ 每人在店时间

如此看来，岂不是海底捞很亏？前面我们说了，海底捞实际上卖的是服务，而且从等位就开始服务了，所以顾客愿意等候。同样用利特尔公式分析：

等候顾客数 = 顾客到达率 × 每人等候时间

在海底捞，由于每个人等候时间长，在同样的顾客到达率下，等候顾客数就多，所以海底捞需要更大的等候空间。

海底捞等候顾客数（多）
　　　　　　　　　　= 顾客到达率 × 每人等候时间（长）
海底捞等候空间（大）

对于呷哺呷哺来说，顾客不愿意等候太长时间，所以也就不需要很大的等候空间。

$$\frac{呷哺呷哺等候顾客数(少)}{呷哺呷哺等候空间(小)} = 顾客到达率 \times 每人等候时间(短)$$

5. 用餐环境

色彩具有不可思议的神奇魔力，会对人的心理感觉产生巨大影响。例如看着红色，会感觉时间比实际时间长；看着蓝色则感觉时间比实际时间短，蓝色的会议室会让人觉得开会时间缩短了；保险箱利用深色来增加厚重感；快递箱用浅色来减轻搬运者的心理重量；房间的装饰色彩可以用来调节人的心理温度；等等。

▶ 色彩对餐厅的影响

色彩对人的心理有重要影响，对于餐厅来说色彩的影响也不例外。餐厅为我们提供餐饮服务，它的装饰风格、色彩明暗等会影响到我们用餐的情绪和心情，所以在设计装饰时色彩是不可忽视的一个因素。

▶ 食物的色彩

在各种颜色中，鲜艳的色彩有增进食欲的效果。红色、橙色和黄色等明亮的颜色可以让人胃口大开、食欲大振。水果的红色和橙色、蔬菜的绿色、红烧肉的红色、生鱼片的白色和黄色配以芥末的绿色，鲜亮的搭配让人看了垂涎欲滴。

▶ 器皿的色彩

要想唤起食欲，食物的颜色固然重要，盛装食物的器皿的颜色也同样不可忽视。

在一些国家，制作餐具器皿被当作一门艺术，一些匠人制作餐具器皿的技术和色彩感都非常出色，这门艺术在中国历史长河中也占有重要地位。

白色餐具：盛食物的器皿以白色居多，这是白色可以更好地突出食物颜色的缘故。

蓝色餐具：食物中少有的蓝色也可以起到同样的作用，因此，蓝边的白盘子也比较常见。

黑色餐具：黑色餐具器皿在日本料理中也得到了比较广泛的应用。这是因为黑色可以和食物的颜色产生强烈的对比，从而更加突出食物的颜色。

▶ 餐厅的色彩

如果一个餐厅的主色调成功定格在消费者心中，那么我们就会认为它在设计方面是成功的。

例如：麦当劳，黑色背景上白色的字，黄色的 M 标志；肯德基，红色背景上白色的字，外加一个大胡子老爷爷；必胜客，朱红色的背景上，醒目的白色大字。它们都是成功的快餐企业，都有着鲜亮、醒目、独特的快餐色。

▶ 照明的色彩

说到餐厅的照明，不光是开一个灯那么简单。灯光对食客的味觉、心理有着潜移默化的影响，也与餐饮企业的经营定位息息相关。人天生具有自觉的视觉补偿功能，因此，餐饮企业应该艺术地设置灯光系统，调动食客的审美心理，从而达到饮食之美与环境之美的统一。

典雅静谧的海底捞

▶ 海底捞的暗色

低透明度、低饱和度的颜色可以令人的血管收缩,抑制人的兴奋情绪,使得人的心理和生理都较容易冷静下来。冷色系颜色在这方面的效果更加明显,并且有令人精神放松的作用。

海底捞以黑色的整体色调,配合幽暗的灯光,使得顾客在这样的空间里很放松。海底捞的目的不是赶人,在这里比较适合约会、聚会,因此,它着重于为顾客塑造一种慢节奏、宁静、安逸、放松的环境。针对这样的特殊要求,它采用透明度和饱和度较低的颜色,并尽可能使用冷色系。

至于餐具,海底捞的餐具以造型各异的白色细瓷为主,配以透明的玻璃餐具,对食物起到很好的点缀作用。

▶ 颜色不能成为服务的短板

环境不舒适,再好的服务也无心情享受。换句话说,心情不舒畅或许就需要更好的服务来弥补环境的缺陷。所以海底捞暗色的主色调配合周到的服务,成功留住了顾客。

呷哺呷哺为什么不适合等人

▶ 呷哺呷哺的橙色

在 20 世纪中期的意大利,一位开饭店的老板很沮丧。因为他发现自己店里客人爆满,但是营业额却少得可怜。为了提高工作效率,他对自己的店进行了几次装修,装修后有一段时间营业额非常好,但后来又不行了。

他找了很多原因,最后总结发现:营业额不好可能跟环境有关。因为传统餐厅的装修风格以典雅、安静为主,客人来了之后主要是享受环境,而食欲并不好。餐厅营业额好的那一段时间,装修以热烈醒目的橙色为主色调。

因为色彩的刺激,人都很兴奋,对酒类、苏打水等的消耗也比较多,后来他的餐厅便以橙色为主色调。经过社会心理学家的调查总结,发现颜色的确对人的食欲有影响,橙色对人的食欲刺激最明显,而绿色和蓝色有显著的抑制作用。于是,各种餐馆都开始用与橙色接近的色调进行装修。

至于快餐店,比如麦当劳和肯德基,都是色彩心理学应用的典范。

快餐店给我们的印象一般是座位很多,效率很高,顾客吃完就走,不会停留很长时间。有人喜欢和朋友约在快餐店碰面,但其实快餐店并不适合等人。这是因为很多快餐店的装潢以橘黄色或红色为主,这两种颜色虽然有使人心情愉悦、兴奋以及增进食欲的作用,但也会使人感觉时间漫长。如果在这样的环境中等人,会越来越烦躁。

呷哺呷哺也充分运用了色彩心理学,以鲜亮的橘黄色为主,所以在这里用餐的顾客进餐时间不会太长,基本上是吃完就走,流转率自然就高。

呷哺呷哺不光门店以鲜亮橘色为主,就连它餐具的内壁、饮料杯的 LOGO、餐巾纸的 LOGO 都多多少少配以开人胃口的橘色,色彩配合得天衣无缝。

▶ 颜色不能成为时间的短板

曾经见过这样一家快餐店,店里是皮质沙发,灯光柔和,环境很幽雅。我在想,这是快餐店吗?顾客的周转率会怎么样?呷哺呷哺的快餐店定位令它在颜色的选择上也以明快的色调为主,不能让颜色成为拖延顾客用餐节奏的短板。

海底捞 VS 呷哺呷哺
餐饮连锁企业经营模式的底层逻辑与扩张策略

要点回顾

餐厅的氛围、人气和餐厅的室内外设计息息相关。做餐饮企业，首先要明确餐饮空间的功能，餐饮空间的功能是会因其种类的不同而有所区别的，但是所有餐饮空间都有共同的也是最基本的功能要求，那就是适合并能促进人进食。

色彩心理学在餐饮空间中的作用无法量化评估，却是切实存在的。把色彩心理学应用到餐饮空间的设计之中，不仅是功能为先的现代设计理念的体现，更是人性化设计理念的体现。

设计赏心悦目，同时满足顾客的心理和生理需求，才是餐饮企业应该有的觉悟，才能达到财源广进的目的。

呷哺呷哺的色彩选择契合了它的战略定位，尽可能缩短顾客在店时间，这样才能维持高收益。

每天收入(高) = 在店顾客数 × 单人消费额 ÷ 每人在店时间(短)

海底捞的色彩选择则更适合长时间交流，所以顾客在店时间将更长。不过海底捞的顾客愿意为此多支付费用，因此同样可以维持高收益。

每天收入(高) = 在店顾客数 × 单人消费额(高) ÷ 每人在店时间(长)

6. 空间分配

餐饮企业的门店分为用餐区和等候服务区，如何分配两种空间的占比至关重要。

在店用餐顾客数 = 用餐面积 ÷ 单个顾客占用面积

"奢侈"的海底捞空间

（1）海底捞给等候服务以空间：休闲享乐

海底捞的用餐区面积较大（如图 3-11 所示）。

海底捞门店的用餐面积 = 店面总面积 - 等候服务区（大）

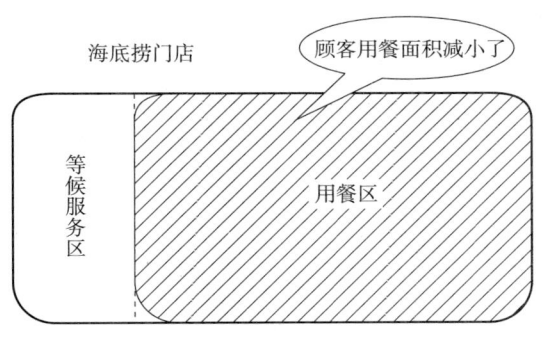

图 3-11　海底捞的空间布局

（2）海底捞给服务员以空间：服务多样，方便安全

海底捞的服务员活动空间较大（如图 3-12 所示）。

海底捞门店的用餐面积 = 店面总面积 - 等候服务区（大）- 服务员空间（大）

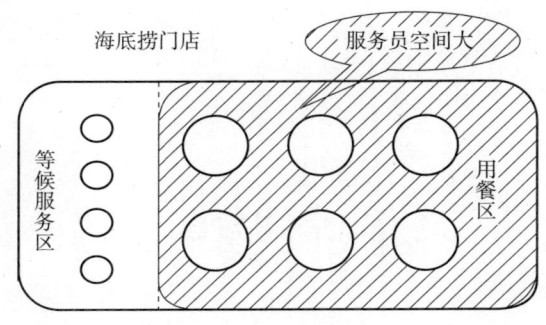

图 3-12　海底捞的服务空间

（3）小料台空间

海底捞门店的用餐面积＝店面总面积－等候服务区（大）－服务员空间（大）－小料台空间（大）－盛菜空间

（4）卫生间空间

海底捞门店的用餐面积＝店面总面积－等候服务区（大）－服务员空间（大）－小料台空间（大）－盛菜空间－卫生间空间

（5）海底捞给顾客以空间：独立安静，慢慢享用

海底捞的顾客个人占用面积也较大（如图3-13所示）。

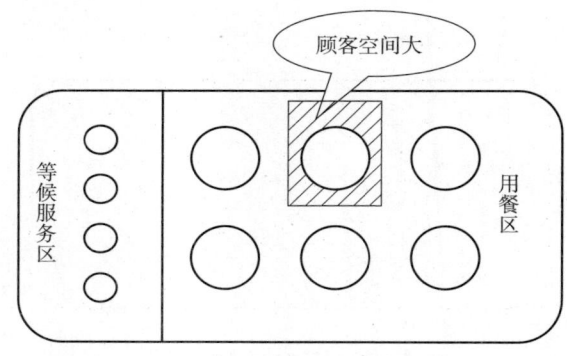

图 3-13　海底捞的顾客空间

海底捞用餐顾客数（少）＝用餐面积（小）÷单个顾客占用面积（大）

呷哺呷哺"节省"空间

（1）呷哺呷哺没有等候空间：留给顾客更多用餐空间

呷哺呷哺的等候区很狭小，给用餐区留下了足够大的空间（如图3－14所示）。

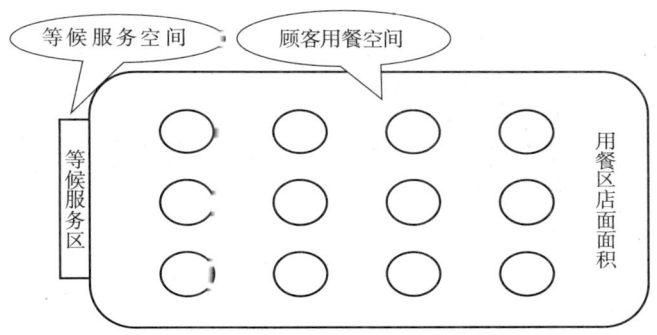

图3－14　呷哺呷哺的空间布局

呷哺呷哺门店用餐面积＝店面总面积－等候空间（小）

（2）呷哺呷哺压缩服务员的空间：留给顾客更多空间

呷哺呷哺的服务员在吧台中间做服务工作，所占空间被大大压缩，这样就可以留给顾客更多空间（如图3－15所示）。

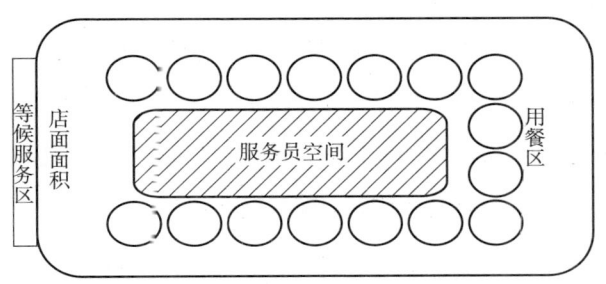

图3－15　呷哺呷哺的服务空间

呷哺呷哺门店用餐面积＝店面总面积－等候空间（小）－服务员空间（小）

(3) 呷哺呷哺抬高吧台，充分利用空间

呷哺呷哺抬高吧台，吧台里面的格子内可以放置食物和餐具，这样又进一步节省了空间，不用占用顾客用餐的空间，如图 3-16 所示。

图 3-16　呷哺呷哺的吧台式座位

资料来源：4travel.jp。

由于呷哺呷哺几乎没有休闲空间，服务员占用的空间也很小，食物和餐具也几乎不占用空间，所以呷哺呷哺门店顾客的用餐空间很大，空间利用率很高。

(4) 呷哺呷哺压缩顾客空间：快吃快走

顾客在呷哺呷哺用餐，图的是便宜、快捷，不太在意空间的舒适度，所以呷哺呷哺尽可能压缩顾客空间，同样的面积就能容纳更多顾客。而且由于座位紧凑，顾客之间几乎无多余空间，他们既无法进行私人聊天，又感觉很紧张，所以都想快吃快走（如图 3-17 所示）。

呷哺呷哺的空间几乎都用来满足容纳更多顾客数量的需求了，空间利用率很高，所以呷哺呷哺的在店顾客数就会很多。

呷哺呷哺用餐顾客数(多) = 用餐面积(大) ÷ 单个顾客占用面积(小)

第3章 品牌定位：海底捞适合休闲，呷哺呷哺是快餐店

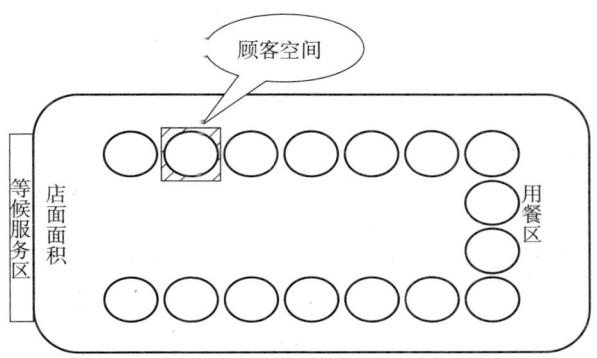

图3-17 呷哺呷哺的顾客空间

要点回顾

呷哺呷哺单店每天收入＝呷哺呷哺在店用餐顾客数(多)×单人消费额(低)÷每人在店时间

由于呷哺呷哺的店面利用率很高，单个顾客占用面积很小，这样就可以容纳更多顾客，所以呷哺呷哺能以很低的价格实现和海底捞同样高的消费额。

海底捞单店每天收入＝海底捞在店用餐顾客数(少)×单人消费额(高)÷每人在店时间

由于海底捞的店面利用率很低，单个顾客占用面积大，这样可容纳的顾客就大大减少了，因此，海底捞要保持高的消费额，就必须提高单人消费额，制定高价。

| 第4章 |
经营哲学

服务多样化的海底捞

流程标准化的呷哺呷哺

第4章 | 经营哲学：服务多样化的海底捞VS流程标准化的呷哺呷哺

1. 菜品设计

餐厅的菜单既是艺术品又是宣传品，是餐厅进行促销的软性宣传工具，是一张凸显个性的名片，也是其经营理念的体现。一份设计精美的菜单，可以增加用餐气氛，提升餐厅格调，让顾客对餐厅留下深刻印象。菜单设计是一个复杂细致的过程，它不仅要求设计者充分重视和反复权衡各方面的有利条件和不利因素，更要求设计者有明确的设计目的和要求。在菜单设计上，海底捞和呷哺呷哺体现了完全不同的风格。海底捞的菜单品类繁多，选择空间大；呷哺呷哺则以套餐为主。

品类繁多的海底捞菜单

▶ 菜单复杂，点菜效率低

海底捞的菜单分为新品体验、自选调料和自选饮料类、锅底类、丸滑类、特色菜类、经典火锅菜、牛羊肉类、海鲜河鲜类、豆面制品类、根茎与菌类、叶菜类、小吃类、饮料类、红酒类、啤酒类、白酒类共16类（如图4-1所示）。这么多种类，每一类还有好几种单品，放在一张菜单上，让人眼花缭乱，顾客要了解菜单的全面信息需要花很多时间，因此点菜效率不高。

▶ 全部单点，选择多，效率低

在这16类菜品中，没有组合，全是单点，这里也透露出海底捞追求个性、独特的风格，一如它追求服务的个性化一样。但是，由于顾客选择面够大，在慢慢了解整个菜单的信息后，在选择上也会出现犹豫反复，导致点菜慢。

图4-1 海底捞的菜单

▶ 菜品不能成为服务的短板

多一些选择，多一些满足。以服务著称的海底捞不能让菜品设计成为短板，提供了足够丰富的内容供顾客选择。而且菜单可以点半份的设计也让顾客体会到了海底捞的贴心、周到。

第4章 | 经营哲学：服务多样化的海底捞VS流程标准化的呷哺呷哺

以套餐为主的呷哺呷哺菜单

▶ 菜单简单，点菜效率高

快餐店菜单的设计要精心、制作要迅速，它的菜单组合要科学、标准要一致、核算也要方便。因此，呷哺呷哺的菜单是很有自己特色的：文字简洁、色彩鲜艳（如图4－2所示）。这样方便顾客迅速了解菜单信息，加快点菜速度。

图4－2 呷哺呷哺的菜单

资料来源：昵图网。

▶ 以套餐为主，选择快

由于呷哺呷哺具备快餐的特征，人均40元的消费水平相比传统火锅要低得多，因此它需要在提高毛利上下功夫。在控制成本的同时，为了照顾消费者的营养和口味，呷哺呷哺专门组建了一个团队研究菜单配置和套餐配搭。一盘肉以四两为宜，但解冻的时间要多久，拼盘怎么组合，怎样保证每个鸡蛋的大小统一……这些都是他们需要考虑的细节。呷哺呷哺的菜单主要分为套餐、任意双拼、其他类、肉类、鱼浆制品、时令蔬菜、干菜、拼盘、主食、锅底、调料、酒水、小料共13类，这13类中套餐、任意双拼占据了重要地位。套餐的设计让顾客容易选择，不用考虑各种搭配组合，也不用考虑点多点少，这样点菜的时间就缩短了。

▶ 菜单不能成为时间的短板

简单醒目的菜单可以加快点菜速度，进而压缩顾客在店时间，帮助呷哺呷哺提高翻台率。

要点回顾

海底捞和呷哺呷哺的菜单体现了传统菜单和快餐菜单的差别。传统菜单丰富多样，快餐菜单简单醒目。

每天收入（高）= 在店顾客数 × 单人消费额 ÷ 每人在店时间（短）

菜单设计会影响运营效率，海底捞菜单设计让点餐时间变长，呷哺呷哺则反之。

海底捞的小料：体现"变化"的本质

▶ 种类丰富，选择多，成本高

对于小料，海底捞也尽显其变化的多样性。对于海底捞来说，顾客需要什么，海底捞就要提供什么，甚至提供的比顾客需要的都多，20多种小料摆满了海底捞的小料台（如图4-3所示）。小料如此丰富，当然其代价就是高成本，因为这么多小料要准备，不仅有材料成本，而且制作成本更高，大大的小料台还要占据宝贵的餐厅空间，可比小料本身的成本高多了。如果不提供这么多小料，对于尽可能满足顾客需求的海底捞来说，小料就是短板了。

图4-3　海底捞小料台

资料来源：搜狐。

► 组合无穷，选择难，时间慢

数学中有一项排列组合，所谓排列，就是从一定数量的元素中抽出指定数量的元素进行排序；组合是指从一定数量的元素中取出指定个数的元素。通过排列组合，能够生出万千变化。

且来看一道关于组合的应用题：

高三（一）班需要安排毕业晚会的 4 个音乐节目、2 个舞蹈节目和 1 个曲艺节目的演出顺序，要求两个舞蹈节目不连排，则不同排法的种数是多少？

经过奇妙的排列组合之后，不同的排法是 3600 种。

组合，奇妙无穷也！

海底捞的小料有 20 多种，那么它组合的方式也有很多。顾客可依据自己的口味调制出不同的味道，那么调制出来的味道就会千差万别。

当每一个顾客在考虑为自己调制可口的小料时是不是需要花上几秒钟的时间呢？是不是需要在拿取不同的调料时不停地进行拿、放调料勺这个动作呢？一个顾客也许只需要 2 种调料勾兑即可，也许要勾兑 3 种或者更多的调料；一个顾客调制小料也许只需要 5 秒钟时间，另一个顾客则需要 15 秒、20 秒、30 秒时间。总之，当为顾客提供充分的选择时，也就把时间的控制权给了顾客。

▶ 选择越多，库存控制越难

海底捞的小料也需要有库存，由于提供的小料种类太多，无法对小料的需求做准确的预测，就必然会出现有的小料消耗多、有的小料消耗少的状况，这样导致小料的库存难以管理。

▶ 小料不能成为服务的短板

海底捞看重的是顾客的满意度，由于小料成本较低，相对来说影响不大。而且，丰富的小料为顾客良好的心情增添一份愉悦，对海底捞来说，这样做的利益比成本更大，所以小料不能成为服务的短板。

第4章 | 经营哲学：服务多样化的海底捞VS流程标准化的呷哺呷哺

呷哺呷哺的麻酱包：标准、快速的典范

▶ 只此一种别无选择，避免短板

提到呷哺呷哺，麻酱是一个不得不说的话题。进店的顾客一律提供麻酱小料。众口难调怎么办？麻酱小料。特殊需求怎么办？麻酱小料。很多顾客也许不适应这个调料的味道，不过也无所谓了，不就是3元钱的事嘛。

从顾客的角度看，由于没有选择，也就不用考虑选择，这也在无形之中缩短了用餐的时间。从服务员的角度来说，麻酱小料省去了为不同口味顾客配料而花费的时间，不管什么样的顾客，只要几秒钟时间便可完成这个步骤的工作，缩短了服务时间，提高了效率。

▶ 麻酱包是标准、快速的典范，节省了成本和时间

呷哺呷哺的麻酱配方简单，是花生酱、甜面酱、韭菜花、腐乳等调制而成。麻酱包在工厂中装好袋，运到餐厅直接提供给顾客，由顾客自己打开，这样几乎不需要花餐厅工作人员的时间。

2009年，北京的呷哺呷哺分店已经达到78家，其中70%的麻酱原料都是由京宝绿源供货。京宝绿源除了日供3吨花生酱外，每月还要送10吨香油，在呷哺呷哺的流水一个月能达到上百万元。对于京宝绿源来说，呷哺呷哺不但为它的麻酱提供了大量订单，而且关键是呷哺呷哺对产品的要求很单一，京宝绿源可以大规模标准化生产，把成本大大降低。

因此，无论对呷哺呷哺还是京宝绿源来说，麻酱包都可以说是标准、快速的典范。

▶ 单一小料,库存好控制

小料品种单一,就容易控制库存,只要大致预测顾客人数就可以了。即使预测不准,由于是小料密封包装好的,也可以多放一段时间。

▶ 小料不能成为时间的短板

小料多了,顾客选择多了,当然就会耽误时间。呷哺呷哺不想给顾客耽误时间的任何机会,因此小料也在它的考虑范围内。

🔧 要点回顾

快餐的快是以秒为计量单位的。通过每分每秒的积累,可以大大提高顾客输出的速度(即输出率)。比如,在海底捞有可以千变万化进行组合的小料台,顾客至少要花费 30 秒的时间自行配料;而在呷哺呷哺,从服务员拿出麻酱包到放在餐桌上,排除走路花费的时间,只需要 5 秒不到,而这个 5 秒的时间也是固定不变的。这就是标准化的体现,因为步骤一样,时间固定,就大大节约了时间,这也为其快速提供了有力保障。

每天收入(高)= 在店顾客数 × 单人消费额 ÷ 每人在店时间(短)

海底捞琳琅满目的酒水

▶ 种类丰富,选择多

海底捞酒水种类繁多,从菜单上就可以体现出来。海底捞的饮料共分 4 类:饮料类、红酒类、啤酒类、白酒类。其中饮料 11 小类、红酒 3 小类、啤酒 8 小类、白酒 12 小类。海底捞的饮料不要太丰富哦!表 4-1 详细展示了海底捞的饮料种类。

表4-1 海底捞的酒水

啤酒类	饮料类	白酒类
10°燕京纯生 500mL	果粒橙 1.25L	52°五粮液 500mL
8°青岛纯生 500mL	雪碧 1.25L	35°劲酒 125mL
燕京扎啤	可口可乐 1.25L	52°国窖(1573) 500mL
百威扎啤	苏打水屈臣氏 330mL	52°剑南春 500mL
8°百威纯生 500mL	果粒橙 450mL	52°小糊涂仙 500mL
10°燕京鲜啤 500mL	雪碧 500mL	38°彩帝王 700mL
9.1°哈啤纯生 500mL	可口可乐 500mL	40°扁凤壶津酒 500mL
雪花勇闯天涯啤酒	加多宝 310mL	38°金六福 475mL
	椰汁 245mL	45°上品黑土地窖藏 500mL
茅台干红葡萄酒 750mL	露露 240mL	52°黑土地 250mL
12°王朝干红 750mL	雀巢矿泉水 550mL	38°皖酒 250mL
长城干红 750mL		56°红星二锅头 500mL

大家对于聚会有没有这样一种经历？就是到了最后，杂乱无章的餐桌上出镜率最高的便是酒水饮料空瓶。海底捞顺应了消费者的这类需求，它的酒水饮料品类繁多，有成瓶购买的酒水，也有简易包装的罐装饮料，满足了消费者不同的需求。给予消费者充分的选择是海底捞服务差异化战略的体现。

▶ 种类多，库存多，成本高

种类多确实给了顾客自由选择的空间，但是也带来库存管理的问题。由于每一种饮料都要备有库存，而且很难确定每种饮料的需求，所以如果每一种饮料都备足够的货，那么库存量也是可观的，后果就是成本居高不下。

▶ 种类多，操作复杂，效率低

海底捞不仅饮料丰富，而且使用了各种杯具来盛装，不能使用自动化、标准化作业，因此作业过程复杂，时间长。如果要及时响应顾客需求，就需要增加服务人员。

▶ 饮料不能成为服务的短板

和小料一样，是否能够选择喜欢的饮料，也是影响顾客用餐心情的。对海底捞来说，只要顾客想要的都会提供，不能让饮料成为服务的短板。

呷哺呷哺的饮料种类单一

▶ 单一饮料，便于库存管理，成本低

呷哺呷哺的饮料种类单一，这是因为呷哺呷哺属于快餐，对于消费者来说，它是填饱肚子的地方，有饮料即可。饮料单一，库存控制起来就容易得多，这样便于控制成本。

▶ 单一饮料，服务简单，效率高

饮料单一，顾客选择少，所以服务相对简单，服务的效率就高。这样就不会发生因顾客选择多占用服务员时间，让服务员忙不过来的状况。

呷哺呷哺使用标准的纸杯，接饮料时用自动化设备，解放服务员，提高了效率。如果种类多，自动化设备就需要多配备，相应地，成本也就增加了。

▶ 排他性协议

虽然呷哺呷哺的饮料单一，但并不随意。呷哺呷哺与在消费市场上认可度极高的雀巢、可口可乐合作，并且与雀巢、可口可乐都签订了排他性协议，其中规定只要呷哺呷哺从雀巢和可口可乐进货，那么雀巢和可口可乐就不能再向其他和呷哺呷哺类似的餐饮公司供货。

第4章 经营哲学：服务多样化的海底捞VS流程标准化的呷哺呷哺

▶ 饮料不能成为时间的短板

饮料单一化，顾客选择少，为压缩时间节约成本做出了贡献。奉行标准化、低成本战略的呷哺呷哺不能让饮料成为时间的短板，拖延顾客在店时间。

要点回顾

海底捞多样的饮料供顾客自由选择，是主动服务战略的延伸。顾客每天的需求很难预测，需求的变动性很大，这给海底捞带来的问题就是每种饮料都要有库存。

每天收入（高）＝在店顾客数×单人消费额（高）÷每人在店时间（长）

这就导致海底捞饮料库存的增加，如下公式所示。

饮料库存＝顾客平均需求率＋顾客需求满足率×需求变动性

而呷哺呷哺单一的饮料不仅能够降低库存成本，而且像可乐这样的饮料，其装杯过程也是自动化的，节省了人力，从而节省了成本。

2. 服务种类

什么是服务？服务是指为他人做事，并使他人从中受益的一种有偿或无偿的活动。它不以实物形式而以提供劳动的形式满足他人某种特殊需要。

餐饮业是一种特殊的服务业。餐饮服务业是集即时加工制作、商业销售和服务性劳动于一体，向消费者专门提供各种酒水、食品、消费场所和设施的食品生产经营行业。餐饮业的特殊性，使得它的服务也有别于单纯以提供服务换取等效价值的服务业。也正因为餐饮业的特殊性，为其服务多样性提供了可能。

如果将海底捞与呷哺呷哺提供的服务看作一个流程，从运营管理的角度来理解，服务种类的多与少决定了流程的长与短；服务标准化的程度决定了流程的效率及变动性的大小。流程的效率会受到变动性的影响，流程变动性越大就会使它的效率越低。换言之，流程的效率随着变动性的增加而以平方速度降低。

周到的服务是考虑到了不同顾客个性化的服务需求，会使服务的种类增加，从而增加流程的变动性，降低流程的效率，最终使成本上升；标准化的服务则会降低流程的变动性，提高流程的效率。

海底捞服务种类：多样化

▶ **海底捞服务种类多**

海底捞定位于差异化战略，在其数十年的经营中使差异化服务日臻完善,成为它的显著特色,提及海底捞便会想到它的"变态服务"。

海底捞的服务从进店之前就已经开始了,指挥停车泊位、问候确认预订情况,(等位时)提供按摩、擦鞋、棋牌,带客入座、摆放餐具、送热毛巾等,点菜服务、下单、上菜、代客买单、离店时送还钥匙等。从顾客进店到离店这个过程中,提供的服务烦琐、多样,这就意味着海底捞的服务不是标准化的,会因为个体的不同而不同。海底捞的详细服务流程如图4-4所示。

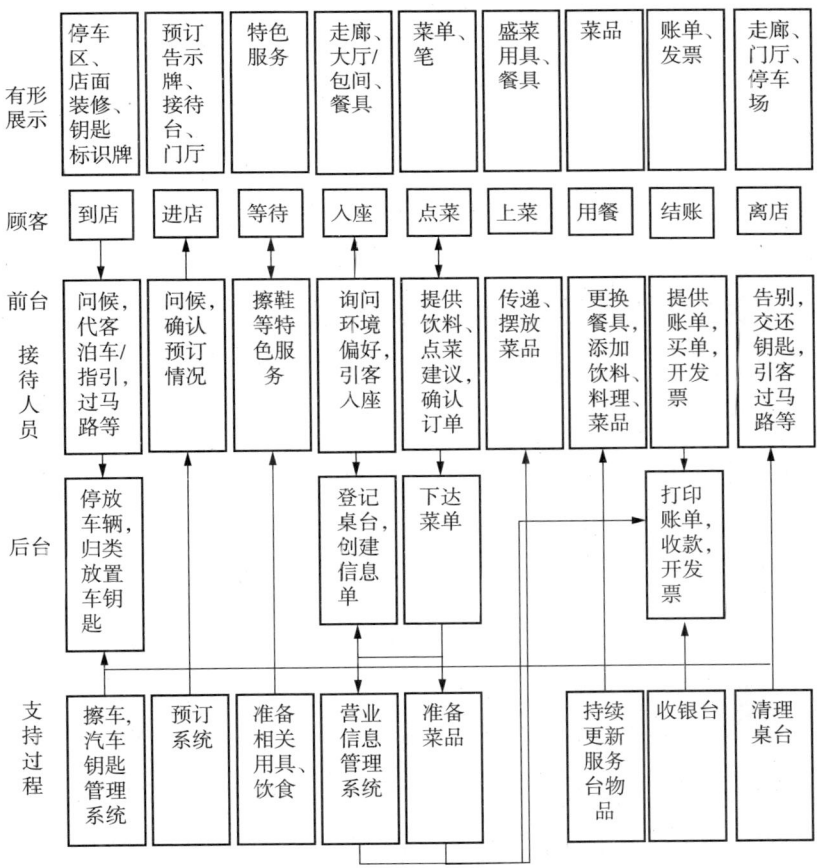

图4-4 海底捞服务全面解析的流程

资料来源:清华大学经济管理学院零售管理课程班.火锅店稳定高速成长的定位地图——基于海底捞火锅店的案例研究[J].中国零售研究,2010,2(1):108-151.

（1）当顾客来海底捞用餐，还没进门时，海底捞的服务员就迎上去了。顾客走进海底捞，遇到的每一位海底捞服务员都会热情地与顾客打招呼。这一点看似平淡无奇，很多其他的餐饮店也有类似的服务，但海底捞与它们最大的区别在于：海底捞人的热情与笑容都是发自内心的。这一点，在顾客评价中被屡屡提及。

（2）有顾客过生日时，海底捞会为他庆生，派出几名员工为他唱生日歌，还送上一份特殊的礼物。

（3）吃火锅雾气较大时，海底捞会给戴眼镜的顾客送上一块擦眼镜的布。

（4）当客人上完洗手间走出来，海底捞的服务员会为他及时送上热毛巾。

（5）当病人、残疾人或年纪大的顾客到海底捞用餐时，海底捞会提供轮椅。

（6）为了不让顾客的手机被食物弄脏，海底捞会送上一个透明的小塑料袋，用来保护手机。

（7）如果女性顾客披散着头发，海底捞会送上一条小小的橡皮筋。

（8）服务员帮助涮菜和盛菜。

（9）顾客在用餐时，可以免费观看甩拉面表演，愉悦心情。

（10）下雨天，如果顾客没带伞，海底捞可以借伞给顾客。

（11）顾客在等餐时，还可以免费享受如下服务：美甲、擦鞋、上网、玩棋牌游戏、喝免费饮料等。

海底捞提供的服务烦琐、多样，这种差异性导致流程变动性增加，所以它的服务时间变长，效率更低。服务的增加是需要成本的，为了维持经营赚取利润，相对的高价增值部分都会分摊到这些差异化的服务之中，因此定价会更高。

▶ 海底捞大量额外服务

除了必要的点单、上菜等服务环节外，海底捞为顾客提供了大量的额外服务（如图4-5所示）。

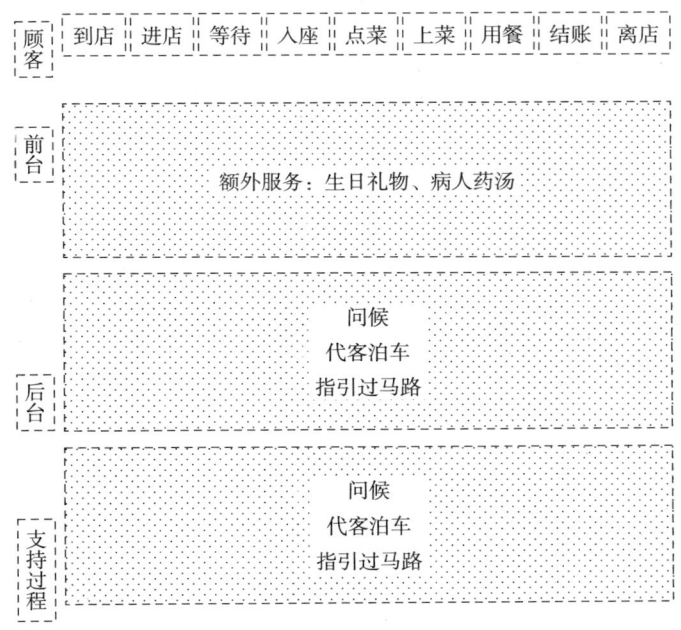

图4-5 海底捞的额外服务

▶ 海底捞服务难以标准化

由于海底捞服务种类多，每个人要求的服务可能都不一样，再加上顾客不时提出不在服务清单中的服务，因此就难以把服务标准化，这样效率难免降低。

▶ 不让服务种类成为服务的短板

服务是个性化的，是为了满足顾客需要而提供的，因此顾客需要什么就提供什么，甚至有时候还要创造点惊喜，超出顾客预期。没有做不到，只有想不到。如果服务种类少了，怎么体现海底捞服务的优势呢？

呷哺呷哺服务种类：单一化、标准化

如果把呷哺呷哺的服务看作一个流程，这个流程又是由众多的流程单元组成，为了提高效率，就需要尽可能让每个流程单元的时间缩短。如何才能缩短时间？那就需要减少每一个流程单元的变动性，让每一个流程单元标准化。呷哺呷哺的服务种类如图4-6所示。

呷哺呷哺是一家快餐式吧台火锅店，它的布局、色调、服务方式、餐具等无一不透露出它快餐的特性。依据所得数据粗略统计一下，在这里，人均在店时间约为40分钟，人均消费约为40元。用时短，因为它是快餐；消费低，因为它的标准化能够降低成本。

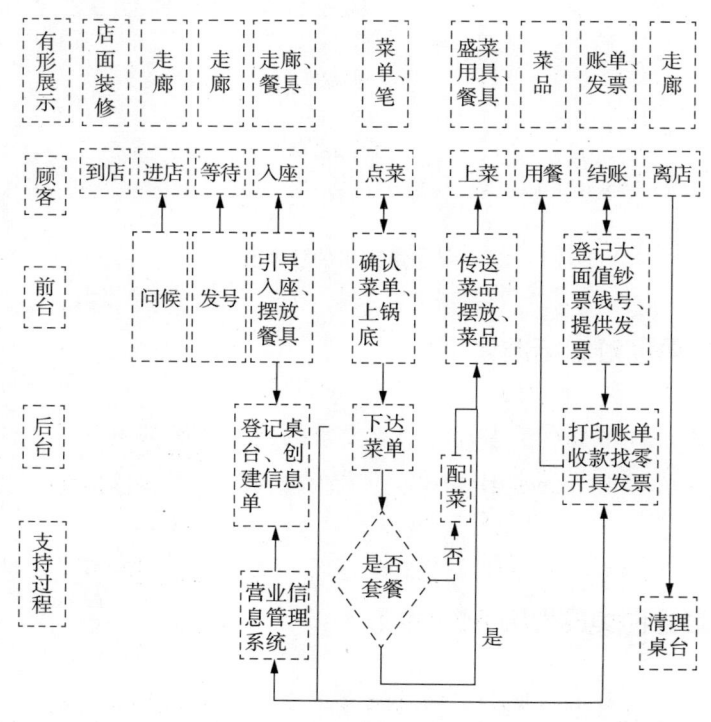

图4-6 呷哺呷哺服务清单

在呷哺呷哺门店内，占据绝大部分面积的是 U 型台。U 型台的作用是大大减少顾客对服务员的需求量，减少服务员活动的面积，提升服务的效率。为了进一步达到上述目的，呷哺呷哺的服务是单一化、标准化的。

▶ 呷哺呷哺服务种类少

呷哺呷哺只提供最简单、最基本的服务，即标准化的服务。我们来看看它的服务包括哪些：排号、点餐、收款、上菜、收拾餐桌、应顾客要求换餐具加调料。可以看出，呷哺呷哺提供的服务很简单，没有额外的服务（如图 4-7 所示）。除了标准动作是主动服务之外，应顾客要求增加的服务属于被动服务，也属于标准服务之外的变动性部分。所以，这部分的服务需求被提出时，顾客经常有被怠慢的感觉，这就是经常有人诟病呷哺呷哺服务态度的原因。

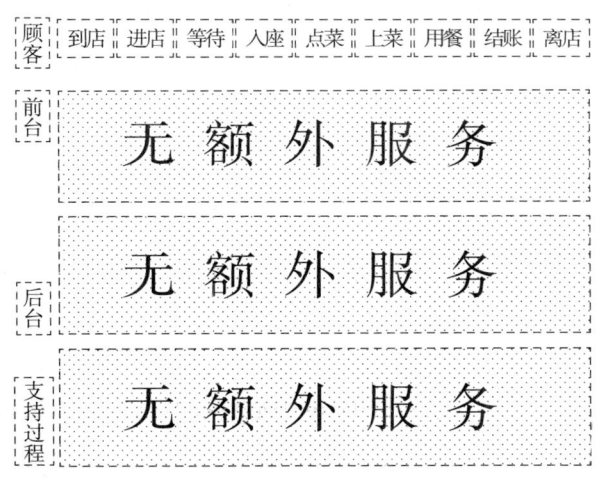

图 4-7　呷哺呷哺无额外服务

▶ 呷哺呷哺服务标准化

正因为呷哺呷哺提供的是这些简单的服务内容，所以很容易实现标准化。标准化的服务能够使变动部分在可控范围内，减少流程的变动性。呷哺呷哺定格了服务员的基本动作内容，大大提升了服务的效率和标准化的质量。同时，呷哺呷哺有明确的分工，充分利用服务员，提高每个服务员的效率，使服务员时刻处于忙碌之中，也降低了运营成本。

标准化是什么？标准化是现代工业生产高效率的重要原因。从这点理解，不难看出，呷哺呷哺很多方面其实和现代工业有相似之处。

麦当劳的创始人雷·克洛克说，连锁店只有标准统一，而且持之以恒地坚持标准才能保证成功。麦当劳服务标准化大致如下：

（1）让顾客满意的服务：基本、必需、无累赘。与顾客打招呼—询问或建议点餐—准备顾客所点的食品—收款—将顾客点的食物交到顾客手中—感谢顾客光临。

（2）59秒快速服务。

（3）微笑是可贵的附加商品：这使得顾客轻松不压抑、不排斥，并且微笑也力求标准化。

其中，因为标准化贯穿始终，所以让顾客满意的59秒快速服务才得以实现。

呷哺呷哺亦是如此，虽然它才成立短短二十几年，但它在成立伊始就有了标准化的意识，这种意识能够辅助它在连锁快餐这条道路上走得更远。

标准化的服务，数量有限的"多能工式"服务员，使得呷哺呷哺在维持正常运营时支付更低的成本，就能够做到以低价吸引顾客。

▶ 不让服务种类成为时间的短板

提供的服务种类多了，顾客选择多，而且不好标准化，服务时间自然就不好控制，所以限定服务内容，就能够把时间控制住。呷哺呷哺作为快餐式火锅的典范，绝不让服务种类成为时间的短板。

第4章 | 经营哲学：服务多样化的海底捞VS流程标准化的呷哺呷哺

要点回顾

单一的服务必然高效，而服务种类过多则会让运营成本高，不过如果顾客愿意花钱买服务就不是问题了。

服务种类越多，变动越大，主要表现在两个方面。

一方面是顾客对服务需求的变动。如图4-8所示，左图表示海底捞的服务需求变动性，右图表示呷哺呷哺的服务需求变动性。也就是说，海底捞为顾客提供的服务多，有的顾客可能需要10种服务，有的顾客可能只需要1种服务，变化很大；而呷哺呷哺为顾客提供的服务少，顾客需要的服务最少有1种，最多也只有5种。

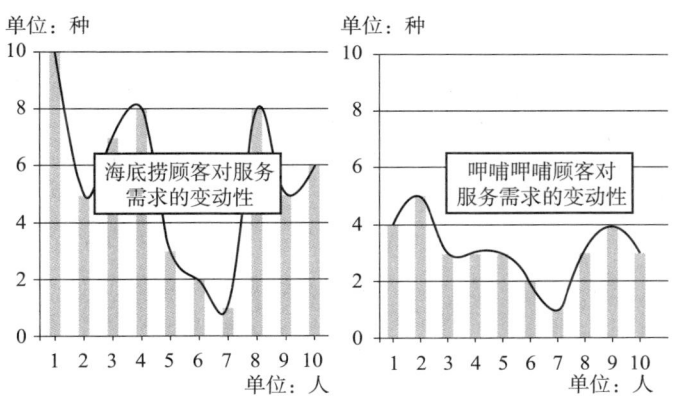

图4-8　顾客对服务需求的变动性

另一方面是服务时间的变动。如图4-9所示，左图表示海底捞的服务时间变动性，右图表示呷哺呷哺的服务时间变动性。

从服务时间来看，海底捞和呷哺呷哺的差异很大。在海底捞，有时候顾客可能提出意想不到的要求，比如要吃冰激凌、蛋糕，就需要很长的时间，所以海底捞的服务时间变化很大。呷哺呷哺只提供确定的几种服务，每种服务都很熟练，所以时间变化就不大。

比较了海底捞和呷哺呷哺关于服务的变动性，我们可以利用下面的公

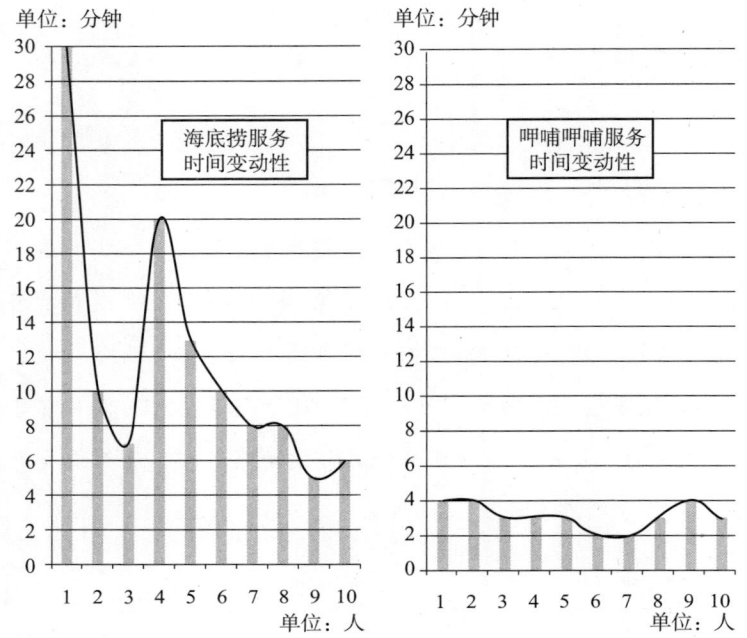

图 4-9 服务时间变动性

式来说明变动性的影响。

服务等候时间 =（顾客对服务需求的变动性×顾客对服务需求的变动性 + 服务时间变动性×服务时间变动性）× $\frac{服务员利用率}{1-服务员利用率}$ ×无变动服务时间

由公式可知，无论是顾客对服务需求的变动性，还是服务时间的变动性，都会导致顾客等待服务的时间加长。换句话说，在海底捞，当顾客提出服务需求时，需要比较长的时间才能得到服务；而在呷哺呷哺，顾客提出服务需求时很快就会得到响应。

海底捞：有求必应——以服务赢得市场

▶ 服务至上，及时响应

打造精品不容易，提供卓越服务更难。因此，张勇觉得"态度好点、速度快点"就能在很大程度上赢得消费者的青睐。

对于消费者就是上帝的买方市场来说,需求总是五花八门的。吃一顿饭,要求的不仅仅是吃饱了就行,比如觉得嘴脏了需要用纸巾,手脏了要用热毛巾擦擦或者用洗手液洗洗,眼镜有雾气需要用一块布擦擦,等等。

尽管消费者的服务需求无法预知,但海底捞能尽量做到有求必应。当然,比如对服务员提出了需要眼镜布的服务请求之后,服务员不予理会,或者说在很长时间之后才予以响应,这样的服务显然是不会让消费者满意的。从消费者的角度而言,只要提出请求了,就恨不得马上得到响应,这是最理想的。但服务终究是通过服务员来实现的,从提出请求到得到响应是需要一段时间的。

▶ 提前考虑顾客需求,从而及时响应

海底捞的做法是:提前考虑到顾客的一些需求,比如就座之后就主动提供眼镜布、头绳、手机袋等;隔一段时间就换一次热毛巾。对于其他无法预知的服务请求,服务员总是笑容可掬地在最短时间内以最快速度帮忙实现。

对个性化服务,海底捞更胜一筹,有求必应,并且一定会在力所能及的时间范围内最快实现。

▶ 响应一切服务要求,不让响应成为服务的短板

服务不像产品,可以过时享用,顾客的一切服务需要都最好即时响应,因为顾客就等着你的服务,顾客也身在服务过程中,即时的服务才能让人感到舒适。以个性化服务为特色的海底捞力求即时响应,绝不让响应时间成为服务的短板。

呷哺呷哺：多余服务难响应

▶ 标准化服务即时响应

麦当劳有6个基本服务：与顾客打招呼、询问或建议点餐、准备顾客所点的食品、收款、将顾客点的食物交到顾客手中、感谢顾客光临。贯穿这6个基本服务的是不变的微笑。对于这些基本服务，顾客能在最短时间内得到响应。麦当劳是以标准化闻名——服务标准化——而标准化是高效率的代名词，所以，顾客可以享受到59秒快速服务。

麦当劳这一类快餐都有一种特性，即提供最基本的服务，最基本的服务在最短时间内响应。

呷哺呷哺也是如此，虽然它在点餐方式上有别于传统快餐，但在提供服务的项目和效率上却努力朝着快餐业标准方向靠拢。

▶ 额外服务难以响应

然而，我们输入"呷哺呷哺"搜索相关信息的结果显示，对其持抱怨态度的网友不在少数，并多集中在服务态度以及用餐体验方面。

其实在基本服务方面，呷哺呷哺做得很好。比如点餐，呷哺呷哺的菜单样式少，一目了然；比如买单，服务员就在一个固定区域内，招之则来。抛开大家对呷哺呷哺的误解，就事论事，其实呷哺呷哺的各种做法都非常符合快餐行业的标准。

▶ 不让额外服务成为时间的短板

如果有额外服务，而额外服务又无法预期，就必将导致无法掌控，服务时间也就很难得到保证了。额外服务需要额外的时间，自然成了时间的短板。而且额外服务会占用基本服务时间,导致其他顾客的基本服务无法及时满足,从而出现等待,也会加长顾客在店时间。所以,在呷哺呷哺,额外服务的需求很难得到即时响应,这是由它自身的标准化战略决定的。

要点回顾

对于呼叫响应时间,海底捞和呷哺呷哺各有侧重,我们不能以偏概全地说谁的呼叫响应时间更长或者更短。从总体上来看,它们两家各有千秋。

顾客等候服务时间 = (顾客对服务需求的变动性×顾客对服务需求的变动性+服务时间变动性×服务时间变动性) × $\frac{服务员利用率}{1-服务员利用率}$ × 无变动服务时间

从上面的公式可以看出,由于海底捞服务种类多,导致服务变动性增大,顾客需要等待的时间就会变长。

但上面的公式中还有一个非常重要的项,就是服务员的利用率。如果利用率大,顾客需要等待的时间就会变长,所以如果海底捞想让顾客等待服务的时间短,就需要减小服务员利用率。

所谓利用率,就是服务员在工作时间忙的程度。越忙,利用率越高;越闲,利用率越低。所以海底捞需要让服务员不太忙,才能让顾客等待服务的时间变短,这样就需要很多服务员才能即时响应顾客的服务要求。

相反,呷哺呷哺的服务种类少,只提供基本的服务,其他服务一概不响应,所以需要的服务员少。呷哺呷哺的服务员利用率相比海底捞更高,在呷哺呷哺用餐,提出基本服务以外的服务,基本上得不到响应。根据公式可知,呷哺呷哺服务员的利用率高,始终忙于最基本的服务,根本没有空闲响应其他服务。

3. 服务细节

服务细节主要体现在餐饮配套设备、用具的选择和使用方面，比如餐具的选择，卫生间的使用和毛巾、纸巾的搭配。

关于餐具的选择，如果我们多观察，会发现一些有趣的现象。我们如果在一些中式餐厅吃面，往往一个不大不小的碗会盛得很满，汤都快溢出来了；但是在这些年陆续进入中国的日式面馆，所选择的碗很大，往往面和汤只占到碗的一半多一点，汤根本洒不出来。对城市白领来说，可能这种做法更容易得到认同，因为更容易保持卫生。其实用大碗盛效率更高，因为不用担心汤会洒出来，服务员上餐时就不用特别小心。

餐具的设计涉及很多领域：在材料选择上要满足安全环保的要求；在外观造型上则不仅要美观，还要能够衬托主人的身份、地位、职业、兴趣爱好、审美品位及生活习惯等。对于餐饮企业来说，定位不同，餐具的选用也是有一番讲究的。

海底捞精致易碎的餐具

▶ 陶瓷餐具精致美观，成本高

海底捞的餐具似乎更高大上一些，造型各异，各有用处，颇有特色。既有盛放肉类的长条盘，也有盛放蔬菜的斜口碗，还有各种用途的碗碟盘盏。当然精致美观的餐具是有代价的，也就是成本会高。但是如果不使用这样的餐具（如图4-10所示），海底捞让人有上帝般感觉的服务似乎就会打一点折扣，餐具就会成为海底捞服务体系中的短板了。

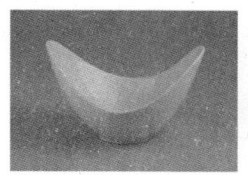 

4-10 海底捞形形色色颇有质感的陶瓷餐具

▶ 陶瓷餐具运转慢

海底捞的餐具虽然精致美观，但易碎，在清洗、放置时应谨慎小心，所以花费的时间会更多，运转速度就慢。

海底捞使用可重复用的漆筷，需要重新清洗消毒，当然就需要更多的服务员来做这个工作，因而成本高，运转速度也慢。

▶ 餐具不能成为服务的短板

与舒心服务匹配的当然是精美的餐具，试想一碗100元的面装在一个简陋的碗里，顾客会做何感想？所以餐具不能成为海底捞服务的短板。

呷哺呷哺简单结实的餐具

▶ 仿瓷餐具成本低

呷哺呷哺要实行低成本战略，餐具的低成本也是其中一环，而仿瓷餐具（如图4-11所示）正好满足低成本特点。呷哺呷哺使用一次性卫生筷，也是为了低成本。

图 4-11　呷哺呷哺形式单一的仿瓷餐具

资料来源：咕嘟妈咪。

▶ 仿瓷餐具轻便结实，运转快速，避免短板

呷哺呷哺的仿瓷餐具有一个明显的好处：不怕摔。这一点对快餐店来说尤其重要，快餐店无一例外地倾向于选用这种餐具，因为快餐店最看重的一点便是快，要的就是速度、效率。

就餐不外乎就座、点餐、用餐、买单这几个简单的步骤，那么要在这几个有限的动作中找寻可以缩短时间的方式就很重要，仿瓷餐具正好满足了快餐的这种需要。不怕摔，清洗餐具时就不用刻意注意碗勺是否会损坏，也不必处处小心，在无形中加快了清洗的速度。同时，在清洗时，也不用花费太多人工，时间就会相应减少。同样，送餐过程也不必小心翼翼，服务员可以快步如飞，时间就这样缩短了。试想如果餐具易碎，清洗要小心，送菜要小心，处处小心必然影响速度，餐具就成了呷哺呷哺整个快速系统中的最薄弱的一点，也就是短板了。

呷哺呷哺使用的纸杯、卫生筷均为一次性的，用后即扔，不用清洗，也节省了人力、成本。

▶ 餐具不能成为时间的短板

餐具也是顾客用餐流程中影响速度的重要一环,所以结实耐用、成本低廉的餐具至关重要,不能成为呷哺呷哺标准化系统的短板。

要点回顾

餐具的选择体现了两家企业的定位不同:一个让顾客感觉有品位,另一个为了快捷、成本低。餐具也需要根据自己的战略定位来选择。

每天收入(高)= 在店顾客数 × 单人消费额 ÷ 每人在店时间(短)

根据上面的公式,呷哺呷哺的餐具清洗速度更快,可以使顾客在店时间缩短,从而提高收入;海底捞则反之。

海底捞:征服是从卫生间开始的

对于餐饮企业而言,卫生间的设计往往是考量一个餐厅设计成败的关键所在。卫生间与每个消费者都有密切的关系,既是衡量一个餐饮企业服务素质和卫生品质的标尺,也是反映一个企业管理水平和企业文化的一面镜子,还是餐厅文明程度的缩影。

在大多数中国人的观念里,餐厅对卫生间都不重视。海底捞反其道而行之,它的卫生间甚至可以说达到了五星级的标准,改变了顾客对很多餐厅卫生间印象差的观念。

▶ 卫生间五星级服务

"您好,请问找卫生间吧?"

"您好,男士在这边。"

"您好,请您擦一下手。"

只要去过海底捞，应该对这些服务用语都有印象，客人还没到门口时，就有服务员迎上去主动询问；客人用完洗手间时，就有人主动开水龙头、递纸巾擦手。

在研究海底捞时，很多人对海底捞的卫生间重点关注。海底捞的卫生间专门有人递毛巾、开水龙头、递纸巾等。这样看来，花不多的钱在海底捞享受到的服务却是超一流的，海底捞的服务处处透露着贴心、细心，处处体现出温暖。

海底捞这样一个价格中等的餐饮企业，其卫生间的干净程度甚至可以达到五星级的标准，这也正好从侧面体现了它的宗旨：服务至上，顾客至上。卫生间占去了海底捞餐厅的部分面积，因此用餐面积就减小了，如下公式所示。

海底捞门店的用餐面积＝店面总面积－卫生间空间

在如此宝贵的空间里划出一部分用于设立卫生间，可见海底捞对服务的重视，而且卫生间服务也是海底捞服务的一大亮点。在有限的空间里把服务做到极致，正是海底捞的优势所在。

▶ 不让卫生间成为服务的短板

海底捞提供卫生间的最终目的是提供服务，而且是"变态"服务，所以卫生间也成为海底捞服务链条上关键的一环。

没有卫生间的呷哺呷哺

▶ 呷哺呷哺不设卫生间——节省空间

呷哺呷哺店铺选址于人流较大的商场，有着天然的地理优势。有了这样的先天优势，何不借用？于是我们可以看到，在呷哺呷哺、真功夫、永和大王这一类相同选址的快餐店，很少设置卫生间。对于选址在繁华地段的餐厅，租金是其支出的重要组成部分，如果专门预留卫生间的空间，还不如节省出宝贵空间来摆放餐桌。

呷哺呷哺门店的用餐面积＝店面总面积－卫生间空间（0）

▶ 无卫生间，无服务，省成本

从某种意义上说，多一事不如少一事，多一事就要多出很多相关的环节。如果有了卫生间，服务跟不上，反而会给顾客留下很差的印象，从而影响声誉。没有卫生间，也就不需要专门的服务人员，可以减少成本。

▶ 不让卫生间成为时间的短板

呷哺呷哺不提供卫生间，能避免卫生间短板。你也许会奇怪：没有卫生间才是短板，有了卫生间怎么还成了短板？因为有了卫生间，就需要保持清洁卫生，就需要另雇服务员，否则卫生间不卫生反而会给顾客造成坏印象。有了卫生间，顾客可能用餐时间更长，也不符合呷哺呷哺压缩顾客在店时间的经营理念。

海底捞：用不完的热毛巾

纸巾看起来是一件微不足道的事情，顾客用餐一般都会用到纸巾，大多数餐厅酒店都会提供。高级一点的餐厅会提供温热的湿毛巾，还有纸巾，中低端的餐厅一般都会提供纸巾。纸巾的成本很低，而且顾客都会用到，所以餐厅提供纸巾是必要的。有些餐厅让顾客付钱买纸巾，往往会让顾客不舒服，感觉餐厅真是分厘必争，这么少的钱都不愿放弃，由此而推及其他。其实，如果由此认为纸巾就是一件太微不足道的事情而不认真思考,那就大错特错了,任何细微之处都会体现餐厅的系统一致性。

▶ **热毛巾体现热情,用不完的热毛巾超出期望**

海底捞为什么不选择纸巾呢?显然这是海底捞的服务战略决定的。服务好坏的最直观感受就是服务是否热情,而热毛巾正好能够体现这一点。海底捞希望顾客体会到的不仅是好的服务,而且是上帝般的感觉,因此服务要超出顾客的预期,因此就有用不完的热毛巾,让顾客时时感受到温暖。

▶ **毛巾流转过程**

如果毛巾需要保持干净、温热的程度,就需要进行如图4-12所示的操作。

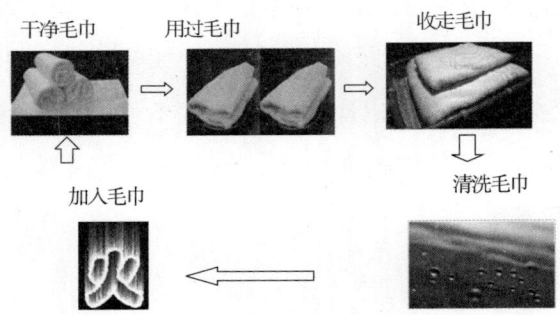

图4-12 海底捞的毛巾流转过程

由此可见,为顾客提供热毛巾可比提供纸巾麻烦多了,因此必然增加成本。

▶ **要么毛巾多,要么服务员多,否则会变成短板**

如果要让顾客有用不完的热毛巾,服务员就需要不断地对毛巾进行更换。因此,要么准备大量的毛巾,清洗后加热,在不断地为顾客更换毛巾时只需要取已经准备好的热毛巾，收回顾客用过的毛巾不用马上清洗。这样做的好处是可以减少服务员的工作，一天清洗加热毛巾的次数也少，响应需求的服务员就少。要么准备较少的毛巾，增加服务员清洗毛巾的频率，这就需要有更多的服务人员不断地把收回的毛巾进行清洗和加热，否则就不能做到给每位顾客多次更换干净热毛巾。

由此我们看到，不管毛巾多还是服务员多，都会增加成本。在毛巾数量和人员数量上应该有一个均衡点。如果毛巾或者服务员配置不够，无法在顾客有需要时就提供热毛巾，那么热毛巾服务就变成了海底捞用餐过程中的短板。

▶ 毛巾不能成为服务的短板

被火锅热气熏到了，一块热毛巾真是及时。既然要把服务做到极致，就不能让热毛巾成为服务的短板。

呷哺呷哺：一张纸巾的意义

▶ 纸巾成本低

呷哺呷哺选用纸巾的原因是很明显的：纸巾成本低，能节约成本。

▶ 菜单、餐具和纸巾同时送到，节约时间

在顾客到店坐下准备用餐后，服务员就递上菜单、餐具和纸巾，这样可以节约服务员往返的时间。

▶ 菜单、餐具和纸巾提前准备，节约时间

由于呷哺呷哺是一人一锅，所以顾客到店后，每个座位就要送上包括

菜单、餐具和纸巾这样一整套东西。这些东西都是提前准备好的，不用等顾客来了再一件件取，可以节约时间。

▶ 高峰期不响应再要纸巾需求，避免变成短板

在用餐高峰期，呷哺呷哺一般很难响应顾客再要纸巾的需求，这是因为一来提出这种要求的人不多，再者如果响应这种需求会耽误服务员的时间，延缓对其他顾客最急需的服务。因此，用餐高峰期呷哺呷哺的服务立即成为短板。如果一个服务员去响应顾客的特殊需求，他也就变成了团队中的短板，不能在有限的时间内做更多的基本服务。如果既要满足顾客再次得到纸巾的需求，又要满足其他顾客最急需的基本服务，就需要增加服务员，这样就要增加成本，也就难以实行低成本战略了。

另外，纸巾不用收回、不用清洗，而且是一次性服务，所以可以减少大量的服务工作，也就节省了人力。

▶ 纸巾不能成为时间的短板

呷哺呷哺只提供一张纸巾，只为让顾客吃完擦嘴，赶紧走。这样既节约成本，又压缩顾客在店时间，所以纸巾不能成为呷哺呷哺服务流程标准化的短板。

要点回顾

海底捞提供热毛巾这个过程比较复杂，必然需要配备相应的服务员做这件事。根据利特尔公式分析：

毛巾数量 = 平均更换干净毛巾的速率 × 毛巾经历整个过程时间

更多的毛巾数量 = 频繁更换干净毛巾 × 毛巾经历整个过程时间长（清洗次数少）

更少的毛巾数量 = 频繁更换干净毛巾 × 经历整个过程时间短（清洗次

数多）

　　毛巾清洗次数少，需要的服务员少，但是这是建立在毛巾多的基础上，否则无法实现频繁更换干净毛巾；毛巾清洗次数多，需要的服务员多，否则就无法实现频繁更换干净毛巾。

4. 服务员配置

服务产品与其他产业产品相比，具有非实物性、不可储存性和生产与消费同时性等特征。服务行业出售的是服务，服务是由谁来提供？当然是由人（也就是服务员）来提供，因此服务行业最不可缺少的就是服务员。

对企业经营者而言，服务员的聘用是需要付出成本的。所以，接下来就有一个很重要的问题摆在面前，那就是一个门店到底配多少服务员最合适。

从顾客的角度来说，当然是越多越好，这样在提出服务请求时才能得到即时响应。自市场经济开放以来，我们的上帝意识越来越强，短暂的等待也会让"上帝们"略嫌烦躁。少了一支筷子，"服务员"；没有了纸巾，"服务员"；需要加菜、需要买单，"服务员"……

从餐厅企业经营者的角度来说，服务员当然是越少越好，这样就可以节约成本。

中国的企业家看重的其实并不是效率，而是员工的忙碌程度。有空闲的员工不是好员工，马不停蹄做活的员工才是企业需要的。在这种思维的推动下，老板们是不允许员工空闲的，因为空闲就意味着成本的浪费。老板们既不允许浪费时间，也不允许服务员过多造成人员闲置。

既然餐饮企业经营者和顾客有着不同的诉求，那么双方的需求如何才能平衡？折中来看，服务员的数量并不是越多越好，也不是越少越好，这二者之间必然有一个平衡点：既能满足顾客的一般需求，也能满足管理者的诉求。

海底捞的服务员需求量：超级多

▶ 服务种类多，需要的服务员多

海底捞的服务种类繁多，要让有需求的顾客都能够享受到完美的服务，就需要尽可能多的服务员。

▶ 即时响应，需要的服务员多

走进海底捞，马上就有服务员迎上来；从进店到就座前，会有服务员频频问好；不管是等位还是用餐，似乎永远都不缺少服务员。当你的杯子快空了，不用你招呼，就有服务员给你加满；锅底还没干，服务员就主动加汤。很多时候，你都没有要求，服务就完成了。

那么一定是海底捞的服务员很多？不错，海底捞提供的服务种类多且复杂，服务的变动性更大，因此需要更多的服务员。

图4-13直观反映出了海底捞服务员的数量及分布，海底捞的服务员不仅数量多，而且分布密集。

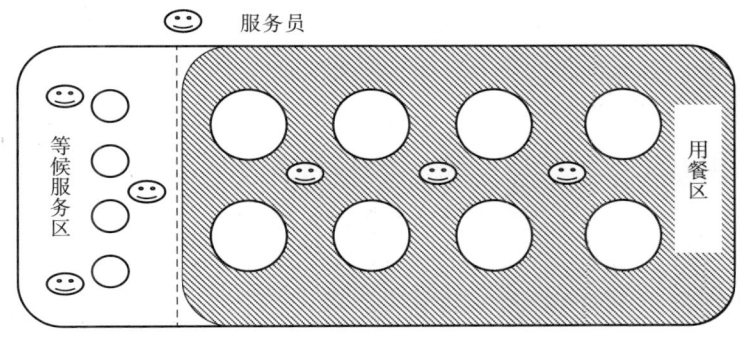

图4-13　海底捞服务员分布图

▶ 服务多，变化多，不让服务员数量成为服务的短板

对海底捞来说，只有服务员足够多，才能随时满足顾客的需求。不能让服务员的数量成为它的短板。

呷哺呷哺的服务员需求量：尽量少

▶ 只提供基本服务，需要的服务员少

呷哺呷哺是一家快餐式火锅店，着眼的是"快"。要达到这个目的，它提供的服务就必须趋于标准化，服务员只需要提供下单、收费、收拾餐桌等基本服务即可，需要的服务员会比较少。

▶ U型台布局，需要的服务员少

呷哺呷哺的 U 型台布局占据了大半店面空间。在店内，采用 U 型台布局不仅能够充分利用空间，还能把服务员的活动范围尽量限制在一个固定的地点。服务员站在中央"四面出击"，有利于实现"一员多人"的服务模式（如图 4-14 所示）。服务员能够在最短时间内对周围顾客的要求做出响应，因此可以尽量减少服务员的数量。在呷哺呷哺，一名服务员最多能同时为 20 位顾客服务，一家店只需 3 名服务员就能满足前台服务的需要，大大降低了人力成本。U 型台中间的范围还能让服务员之间的交流、沟通变得容易，从而实现相互帮助，提高效率。

▶ 不让服务员数量成为时间的短板

对呷哺呷哺来说，如果服务员多一点，是不是就可以加快速度，让顾客更快用餐呢？看起来确实有道理，但是如果服务员数量超出基本服务所

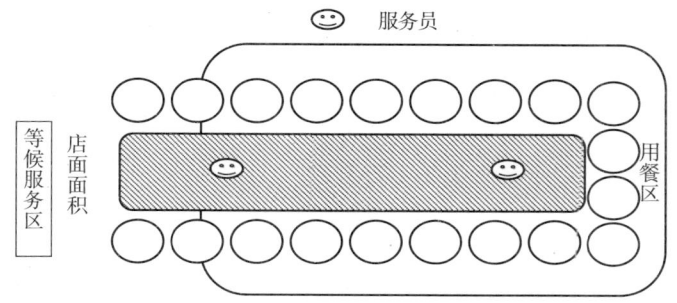

图 4-14 呷哺呷哺服务员分布图

需,就会有服务员闲置,不仅增加成本,还降低了服务员的利用率。而且,服务员多了,顾客的额外需求也会增多,相应的时间也会增加,不能让服务员数量成为时间的短板。

要点回顾

海底捞的服务种类多于呷哺呷哺的服务种类,服务种类的增加就使得服务时间变长,最终结果就是为了满足需求要配备更多的服务员。为了弥补服务员数量的增加而造成的利润减少,海底捞需要定价更高。

服务员并不是越多越好,太多就会造成浪费,从而增加成本;太少则不能满足店内的服务需求。只有配备适量的服务员,才既可以保证基本的服务水平,又可以在一定程度上减少浪费,增加利润。

顾客等候服务时间 = 无变动服务时间 × $\dfrac{服务员利用率}{1-服务员利用率}$ × (顾客对服务需求的变动性 × 顾客对服务需求的变动性 + 服务时间变动性 × 服务时间变动性)

1 - 服务员利用率 = 无变动服务时间 ÷ 顾客等候服务时间 × (顾客对服务需求的变动性 × 顾客对服务需求的变动性 + 服务时间变动性 × 服务时间变动性) × 服务员利用率

为分析方便,略掉等式左边的服务员利用率,变换公式得出:

顾客等候服务时间＝无变动服务时间×服务员利用率×(顾客对服务需求的变动性×顾客对服务需求的变动性＋服务时间变动性×服务时间变动性)

$$服务员利用率 = \frac{正在服务的服务员人数}{全体服务员人数}$$

全体服务员人数＝正在服务员人数×(顾客对服务需求的变动性×顾客对服务需求的变动性＋服务时间变动性×服务时间变动性)×无变动服务时间÷顾客等候服务时间

从上式可以看出,海底捞要想让顾客等候服务时间短,服务员的数量就需要增加。由于海底捞服务种类多,服务需求和服务时间的变动就会增大,所以需要的服务员数量也变多。

呷哺呷哺不提供额外服务,顾客提出的额外服务需要等待很长时间,甚至一直得不到响应。所以,等候服务时间长,所需要的服务员数量就少。同样,呷哺呷哺的服务种类少,服务需求和服务时间的变动小,所需要的全体服务员数量也变少了。

海底捞的服务员:"忙里有闲"

▶ 满足高峰需求,服务员多,低峰期相对闲

餐饮,每日两到三次,顾客人数的高低峰之分非常明显。为了满足高峰时段顾客的需求,海底捞必然会配备足够的服务员;但到了低峰时段,服务员就会闲置。所以总体来看,海底捞的服务员是很"闲"的。

▶ 服务需求多,要求服务员多,服务员也相对闲

海底捞以服务为特色,那么对顾客来说,服务的响应就很重要。因为每个顾客要求的服务可能不同,对这些千差万别的服务要求,服务员都要

尽可能满足。

曾经有这样一个小事：顾客提出需要一个冰激凌，但店里没有这类小甜品，所以就需要出店去购买。那么问题来了，服务员去购买冰激凌这个过程需要较长时间，在这段时间里，店里其他顾客还不时提出各类要求，怎样才能保证在这样意外的情况下服务员仍然够用呢？那就需要多配置一些服务员。如此一来，服务员是够用了，但也因此造成在低峰时段服务员的闲置。

▶ 海底捞服务员太忙，说明有短板

如果海底捞的服务员太忙，那顾客提出的额外要求就很难得到即时响应，这对以服务见长的海底捞来说，无疑是不可容忍的。由此看来，如果服务的变动性导致海底捞服务员太忙，那就说明这是海底捞的一个短板。

呷哺呷哺的服务员：旋转的陀螺

▶ 标准化服务，服务员更忙

大家看过卓别林表演的《摩登时代》吗？20世纪20年代的美国处于经济萧条时期，失业率居高不下，工人受尽压榨，成了大机器生产中的一颗螺丝钉。查理就是一个底层市民，他在一个机器隆隆的厂房里夜以继日地工作，以赚取微薄的收入。重复繁重的工作压得他喘不过气，他把人们的鼻子当成螺丝钉来拧，卷入流水线机器的皮带里，令人哭笑不得。

呷哺呷哺的经营理念多多少少与工厂类似，它的员工几乎都是多能工，站在原地就能完成一系列服务。我们也可以近似地把呷哺呷哺的服务员看成工业流水线的螺丝钉。

海底捞 VS 呷哺呷哺
餐饮连锁企业经营模式的底层逻辑与扩张策略

▶ **呷哺呷哺服务员闲，说明有短板**

呷哺呷哺的服务员只提供基本服务，就像工厂的机器一样，只做基本的几个动作，周而复始，这样反而没有空闲时间。即使没有到用餐高峰期，他们也需要做很多准备工作，不能闲在一边。如果呷哺呷哺的服务员空闲，说明它的设计出现了短板。

要点回顾

由于海底捞的服务变动性大，为了保证服务满意度，海底捞需要应对高峰期的服务需求，在低峰期可能就比较闲。相反，由于呷哺呷哺只提供基本的服务，且只配备了满足基本服务的服务员，而基本的服务始终都存在，所以相对而言，呷哺呷哺的服务员更忙。

顾客等候服务时间 = (顾客对服务需求的变动性 × 顾客对服务需求的变动性 + 服务时间变动性 × 服务时间变动性) × $\dfrac{服务员利用率}{1-服务员利用率}$ × 无变动服务时间

由上面的公式可以看出，服务员利用率反映了服务员的繁忙程度，利用率越高，服务员越忙。

在海底捞，要快速响应顾客服务需求，也就是说顾客等待服务的时间很短，而海底捞的服务需求和服务时间的变动性大，所以只有较低的服务员利用率才能减少顾客等待服务的时间。

在呷哺呷哺，服务员利用率很高。这是因为它只提供基本服务，额外的服务需求等待的时间就会很长。

5. 服务流程设计

永和大王点餐方式的变化

餐饮企业点餐方式的不同也会影响工作效率，这里介绍一下永和大王的点餐方式的变化历程。一个以售卖油条、豆浆为主的餐饮企业，它本质上是快餐，却在很长一段时间里仅仅拥有快餐之名。

▶ 等位牌短，送餐到座

阶段1：在点餐台点餐完毕之后，服务员会给顾客一个等位牌，顾客拿到后到座位上等待即可。由于等位牌比较短小，如果高峰期用餐顾客多，很容易被人的身体遮挡，服务员需要费力搜索，这在无形中增加了服务员的工作难度。常常发生服务员端着餐盘在顾客间穿来穿去，就是找不到等餐顾客的情况。

▶ 等位牌加长，送餐到座

阶段2：在点餐台点餐完毕之后，服务员会给顾客一个等位牌，顾客拿到后到座位上等待即可。这时的等位牌明显变长了，可以降低服务员搜索等餐牌的视觉难度，但依旧需要大量的服务员。

▶ 等位牌变成取餐牌，顾客自取

阶段3：顾客在点餐台点餐后也会有一个等位牌，不过这时等位牌的意义已经不是提醒服务员哪里需要送餐了，而是顾客去取餐的一个凭证。

阶段1、阶段2中的点餐方式效率低下，对服务员数量需求多，变动性大，增加了成本。而快餐因为价格低廉，如此高的成本、如此低的效率是不被允许的。因此，到了阶段3，由服务员送餐变成顾客取餐，对效率的影响是显而易见的。服务员的需求量减少了，服务员不再操心定位顾客座位送餐了，只需要专注厨房那点事就好。

对于大多数餐饮企业来说，一个小小的改变就能对效率产生至关重要的影响。比如海底捞，虽然它是送餐，但它通过现代化的手段，将后厨直接与点餐服务员联系；比如呷哺呷哺，虽然依旧用传统方式点餐，但它的菜单却相当醒目，因此也不需要太多时间。

海底捞——现代化点餐方式

▶ 点餐慢

海底捞的iPad点餐流程大致如下：记录点餐→落单→收银员结账。

优势点赞：

可靠度高；非常直观、时尚；直接代替菜单使用，节省菜单制作费用，节能环保；可以结合其他应用，比如游戏娱乐、观看菜肴制作过程等提升客户体验。

劣势点评：

成本较高；可靠度与无线网络信号有关，如果顾客爆满，对它的网络就是一个极大考验，可能会因为网络而延长点餐时间；需要良好的维护和充电设备。

海底捞因为在点餐阶段采用了现代化手段，加速了后厨、顾客与收银台的联系，使得效率大大提升。在送餐阶段，服务员依据手中的点餐单直接点对点送到顾客手中即可。

▶ 点餐不能成为服务的短板

点菜慢没关系,关键是直观明了地展示顾客想要的菜品。在以服务著称的海底捞,新颖的、现代化的点餐方式可以提升顾客体验,不能让点餐环节成为服务的短板。

呷哺呷哺——传统点餐方式

▶ 点餐快

纸质菜单点餐流程:顾客依照菜单自行点餐→服务员拿单、送单(根据需要分别送至收银、传菜、厨房各档口)→收银员录入POS机→收银员结账。

优势点赞:

简单,成本低;节省时间,减少服务员工作量,加快流转速度。

劣势点评:

服务需多处送单,人员成本高且会空岗;收银员依然需要入单,并未减少录入工作量;会有漏单;无法记录上次时间。

呷哺呷哺虽然是快餐店,但不同于麦当劳等出售成品食物的快餐店,顾客拿到就可以食用;呷哺呷哺的火锅式快餐需要顾客自行烹饪才能食用。所以,它还必须依赖服务员送餐。

▶ 点餐不能成为时间的短板

点餐速度越快越好,后续的各个环节的时间也会因此而相应缩短。以标准化著称的呷哺呷哺不能让点餐环节成为时间的短板。

海底捞 VS 呷哺呷哺
餐饮连锁企业经营模式的底层逻辑与扩张策略

要点回顾

现代化点餐方式，点餐系统需要与厨房打印机配合使用，以此来代替人工送单，因此相关设备的维护是一项长期工作。现代化点餐方式可以增加传菜功能，控制菜品；同时，统计每一道菜品的上菜时间，提高管理效率，但这样会增加工作量。iPad点餐流程简单，可以在点餐的同时完成录入的工作，之后只需要落单即可，但在实际使用中，往往出现客人点餐速度太快，员工跟不上的情况。

总体来说，海底捞的点餐方式决定了它变动性增大，所以在效率和成本方面比呷哺呷哺高，也因此提高了顾客的用餐舒适度。

每天收入（高）＝在店顾客数×单人消费额÷每人在店时间（短）

呷哺呷哺的点餐时间短，所以顾客在店时间短，从而提高周转率，提高收入；海底捞则反之。

海底捞：带着最后甜蜜离店——餐后买单

买单是餐厅服务的一个重要环节，每个餐厅因经营模式、经营理念的差异而造成买单的方式不同。总体来说，买单方式大概有两种：餐前买单和餐后买单。

▶ **海底捞买单流程**

海底捞的买单流程如图4–15所示，顾客一般是先吃后买。
海底捞实行餐后买单，买单的时间相对长，所以效率相对低。

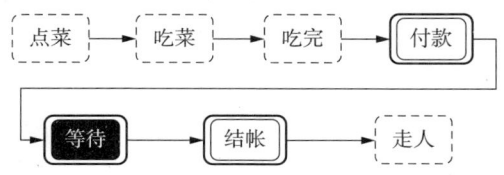

图4-15 海底捞买单流程

▶ 带着最后甜蜜离店

买单作为用餐的压轴环节，也体现了海底捞对"上帝们"的细微关怀。顾客可以选择到收银台买单，也可以让服务员代为买单，还可以让服务员到餐桌前买单。形式不拘，随意就好。总之，在海底捞买单也是让人觉得舒心的，至少服务员的态度是亲切的，还会有水果或者甜点，让顾客最后带着甜蜜离开。

▶ 收银不能成为服务的短板

收银是整个用餐过程中最痛苦的环节，所以要精心设计，服务到位，让顾客舒服地掏钱。总之，收银环节不能成为海底捞服务的短板。

呷哺呷哺：提高翻台率——餐前买单

▶ 餐前买单流程

呷哺呷哺则采用了餐前买单的形式。顾客在点餐后即付款，具体流程如图4-16所示。

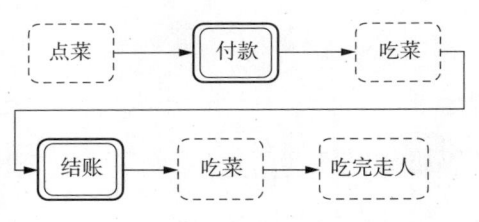

图4-16 呷哺呷哺买单流程

▶ 餐前买单，提高翻台率

为什么很多餐厅都会让你点完菜后立刻买单？这是为了翻台率。简单地说，餐馆把一张桌子打扫干净，招待顾客落座，用餐吃饭，收拾桌子，再迎来新顾客，如此重复的次数越多，餐厅挣的钱也就越多。顾客在饭店吃饭时，付的不仅是饭钱，还租用了一小块地方。为了让收益最大化，在顾客吃好喝好后马上"赶"出门更符合餐厅的利益。但是很显然，餐厅不能驱赶顾客，所以他们让顾客提前买单。

（1）心理学原理

曾有人比较过餐厅餐前买单和餐后买单两种付账方式，结果餐前买单让翻台率提高了80%以上。二者的不同之处在于：还没有付钱的人认为他们占着餐桌是合理的。他们玩手机、聊天，享受舒适。他们是否打算点更多的东西不重要，那一点点的可能性就会给他们心理上的支撑。已经付过钱的顾客没有心理支持，他们本可以点更多的食物，但边际效应递减和惰性阻止了那种行为。他们变得焦躁，他们感到内疚，然后就离开了。

（2）统筹学原理

示例1：大家应该都听说过华罗庚的统筹方法，到底烧茶水是什么顺序却大有乾坤。关于烧茶水大致罗列了3种方法，如图4-17所示：

办法甲：洗好开水壶，灌上凉水，放在火上；在等待水开的时候，洗茶壶、洗茶杯、拿茶叶；等水开了，泡茶喝。

办法乙：先做好一些准备工作，洗开水壶，洗茶壶茶杯，拿茶叶；一

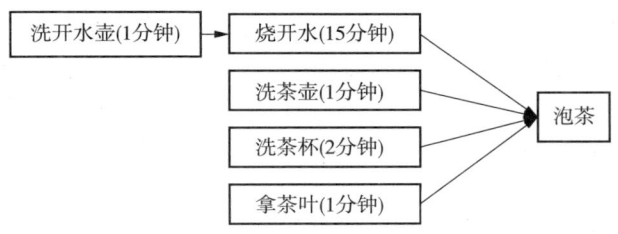

图 4-17 烧开水简图

切就绪,灌水烧水;坐待水开了,泡茶喝。

办法丙:洗净开水壶,灌上凉水,放在火上;坐待水开,开了之后急急忙忙找茶叶,洗茶壶茶杯,泡茶喝。

你也许会觉得不就是烧茶水的事吗?我们每天重复着同样的事,却鲜有思考自己为什么这样做。

示例2:一个朋友说他在面试时经常问一个问题:煮米饭的顺序,到底是先焖上米饭再洗菜、切菜,还是先把一切准备工作都做好之后再焖米饭?

两个示例都说明了统筹方法的重要性。在呷哺呷哺的服务环节里,收银是它为数不多的服务流程中最为重要的一环,关于收银顺序的设计,也体现了一定的统筹思想(如图4-18、图4-19所示)。

方式1:

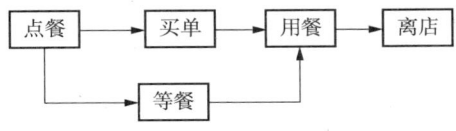

图 4-18 呷哺呷哺收银流程

方式2:

图 4-19 其他部分餐饮企业收银流程

海底捞 VS 呷哺呷哺
餐饮连锁企业经营模式的底层逻辑与扩张策略

假设点餐 1.5 分钟，等餐 10 分钟，用餐 20 分钟，1 分钟买单（排除排队等待时间），离店 0.5 分钟，那么，方式 1 总共花费 21 分钟，方式 2 花费共 23 分钟。

一分钟意味着什么？对于一个分秒必争的快餐店来说，这一分钟可能就意味着翻台率的提升。总之，呷哺呷哺的战略定位是快餐，那么它的一切运营活动都是围绕"快"来展开的。

▶ 收银不能成为时间的短板

收银环节也是顾客在店时间的一部分，餐前收银，不给顾客任何逗留的理由和机会。

要点回顾

买单是整个用餐流程的一部分，大多数企业都希望流程时间越短越好。

每天收入(高) = 在店顾客数 × 单人消费额 ÷ 每人在店时间(短)

在海底捞，顾客用餐的时间不是越短越好，因为海底捞的卖点是服务，时间短了，根本做不了服务，顾客也就无从体验其特色服务。所以海底捞餐后买单是为了让顾客更多地享受服务。对呷哺呷哺来说，为了提高翻台率，降低成本，就希望顾客在店时间越短越好。

海底捞的交接班：千言万语难说尽

▶ 海底捞交接工作复杂

在海底捞：

顾客甲：服务员，我再点半份菜。

顾客乙：服务员，我点一个饮料。

顾客丙：服务员，我想要一个冰激凌。

假设服务员 A 同时应答了甲、乙、丙三位顾客的要求，又正好有要事不得不离开，于是，他要将手里存留的事项移交给服务员 B。服务员 A 与 B 交接的事项就有三个甚至更多，那么 A 要交代清楚甲、乙、丙三位顾客各是什么需求，以免出错。

在海底捞，因为同一个服务员接收到的服务是五花八门的，所以工作交接需要的时间更长，也有可能造成某些顾客需要的服务被遗漏的情况。同时，海底捞又致力为顾客提供"变态"服务，所以，对于海底捞的服务员来说，这是一个巨大的挑战。

▶ 移交工作复杂，难免犯错

某一次在海底捞用餐，之前为我们服务的服务员由于某些原因答应了赠送一份菜，后来因为有事着急离开而没有将赠菜这件事对下一位服务员交代。待到我们差不多快结束时，随口问了一下后来的服务员关于赠菜的事，这位服务员并不知道这件事。因为海底捞工作琐碎，服务员交接时难免会有遗漏。

▶ 详细记录，避免犯错

疏忽是因为海底捞服务复杂而造成的。当然这也不是不可避免的，这就需要把交接工作的所有细节都记录下来（比如制定详细的交接工作表），这样就不会犯错了，当然这也在无形中增加了成本。

▶ 交接班不能成为服务的短板

交接班既要在意效率，也要关注准确性。重视服务的海底捞在工作交接上也要付出更多时间和成本，不能让交接班成为服务的短板。

呷哺呷哺交接班：简洁明了易上手

▶ **呷哺呷哺工作简单，信息少**

在丰田管理的书籍中多会提到这样一个例子。

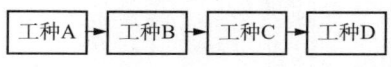

图 4-20　工人甲工作交接示意图 1

示例 1：

工人甲如果从工种 A 到工种 D 各需要 2 分钟，那完成这个流程共需要 8 分钟。但是这期间如果工人甲因事中断，需要交由工人乙来完成这项工作，因为手上只有一项工作，相对地，甲交代的工作乙很容易记住，如图 4-20 所示。

示例 2：

工人甲如果从工种 A 到工种 D 各需要 2 分钟，那完成这个流程共需要 8 分钟。但因为工种 A 是由两项及以上的工作组成的，那么，这期间如果工人甲因事中断，需要交由工人乙来完成这项工作，交代的时间相对更长，而且对工人乙来说，更难掌握工人甲工作进展的程度，如图 4-21 所示。

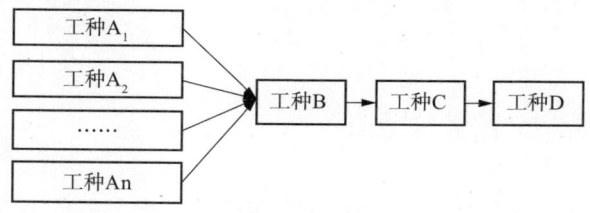

图 4-21　工人甲工作交接示意图 2

在呷哺呷哺，由于给每个顾客提供的都是基本的标准化服务，不会有太多特殊要求，因此移交工作的信息少。

▶ 移交工作简单、易记，不易出错

在呷哺呷哺，被交接的服务员在接收前面服务员移交的事项时会相对简单，时间会更短。由于简单，也容易记住，所以不容易犯错。

▶ 交接班不能成为时间的短板

简单的交接班是效率的保证，以"快"为主的呷哺呷哺需要在所有环节压缩时间，所以不能让交接班成为时间的短板。

要点回顾

每天收入(高) = 在店顾客数 × 单人消费额 ÷ 每人在店时间(短)

从交接班来说，海底捞因为工作繁复，有时候错误在所难免。如果海底捞要避免交接班出错，就需要做更多细致工作；呷哺呷哺则反之。

6. 系统设计

好的战略要落实到执行层面

战略是从宏观角度把握全局，但一个清晰、正确的战略终归还要回到运营这个执行层面。

企业的竞争优势是从多方面因素表现出来的，具体来说会反映在客户、质量、时间、成本和服务等关键要素的指标体系上，这些反映了企业实际的市场竞争能力。虽然出色的技术可以是核心能力，雄厚的资金可以是核心能力，但它们都只是核心竞争力的体现方式。如果没有一种很好的运营管理方式和盈利模式将这些要素结合在一起，再出色的能力和核心资源也无法发挥作用。

我们的企业 CEO 不一定要亲自去设计企业的流程，但是一定要对此高度重视。否则，就有可能发生通过资本运作筹得了资本，通过广告吸引了客户，却不能很好地给客户提供服务，最终走向失败的情况。长久而言，这对企业很不利，对于制造业和服务业，都是这样。

"细节决定成败"，对一家企业来说，"细节"就是运营。运营可以精细到构成企业活动的任何一个细小的流程中，而企业综合能力的提高就有赖于这些细小的流程。蝴蝶效应、一个马蹄铁毁了一个军队，这样的故事不胜枚举。同样的道理，对于企业而言，每一个流程就是一个马蹄铁，任何一个出问题都可能酿成大祸。

第4章 经营哲学：服务多样化的海底捞VS流程标准化的呷哺呷哺

海底捞与呷哺呷哺的运营对比

至于运营是如何在海底捞与呷哺呷哺得到体现的，前面已经做了详细的分析，我们把前面的分析总结为表4-2。

表4-2 海底捞与呷哺呷哺的运营对比

序号	对比项	海底捞	呷哺呷哺
1	后厨	复杂	简单
2	卫生间	五星级	无
3	等候空间	很大	很小
4	服务空间	大	小
5	餐台布置	传统	吧台
6	用餐空间	大	小
7	总空间利用率	小	大
8	餐厅面积	大	小
9	餐厅数量	少	多
10	服务种类	很多	很少
11	服务响应时间	快	慢
12	服务员数量	多	少
13	服务员忙闲	相对闲	非常忙
14	色彩	暗	明亮
15	餐具	陶瓷	塑料
16	小料	丰富	极少
17	饮料	很多	很少
18	菜单	复杂	相对简单
19	菜品	复杂	简单
20	点餐	慢	快
21	收银	餐后	餐中
22	清洁	多次热毛巾	1张纸巾
23	交接班	复杂	简单
24	用餐时间	长	短

将这些细节简单归纳一下，就会发现，海底捞的运营活动始终围绕差异化战略展开，而呷哺呷哺的运营则始终围绕低成本战略来展开。

呷哺呷哺围绕低成本战略的运营细节

我们用图4-22来说明呷哺呷哺是如何展开低成本战略的。在这些细节方面，每个餐饮企业都可以根据自身战略定位来设计。如果战略定位和海底捞或呷哺呷哺其中一家相同，那么就可以向相应的企业学习；如果选择中间战略，则需要各自吸取海底捞和呷哺呷哺各个细节的优点。

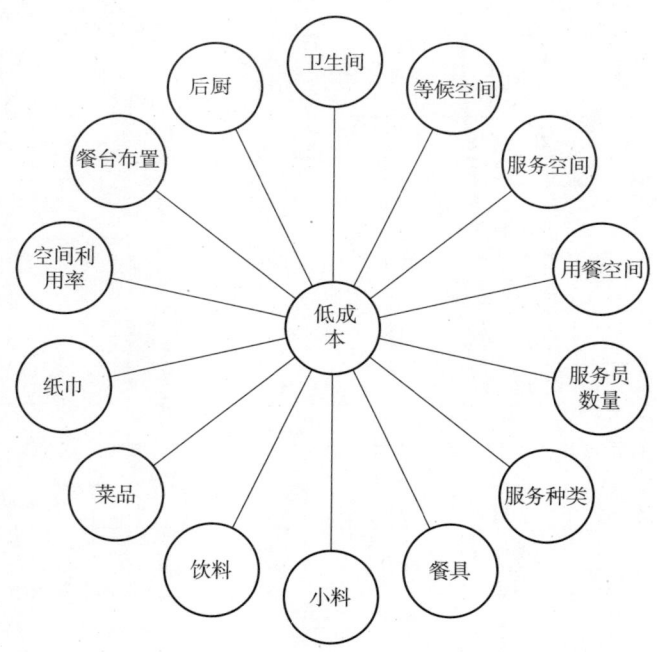

图4-22 呷哺呷哺的低成本运营细节

| 第 5 章 |
数据回报

"库存"充足的海底捞

"赶人"的呷哺呷哺

第5章 | 数据回报："库存"充足的海底捞VS"赶人"的呷哺呷哺

1. 高翻台率

影响翻台率的三大因素

翻台率是指餐桌重复使用率，即一天内每个餐桌使用了几次。翻台率越高，店里的流水就越多，那么影响翻台率的因素有哪些呢？

▶ 价格

价格会影响什么？销售量。

价格是影响人们花钱欲望的重要因素。通常情况下，如果价格在人们的心理承受范围以内，这个价格就是合适的，拿出钱来购买的人们就成了我们的顾客。

在餐饮门店，座位是一种稀缺资源，所以当顾客为其购买的食品、饮料付出相应的价格后，在心里就会这样掂量：这里的咖啡是不是太贵了；既然花了钱，我就要多待一会儿……所以顾客来消费，通常会坐很久，导致我们没有别的座位给后来的顾客。

▶ 消费附加值

以星巴克为例，顾客到星巴克的门店享受到的不仅是咖啡，还有优质服务。在这样的店里消费，消费附加值就很高，顾客待的时间也更久。

▶ 座位及相关布置

在商场购物累了或者是找朋友小聚，我们通常都会去一个悠闲舒适的地方。但也有这样一个问题，一个非常舒适的座位也许会让顾客舍不得离开。所以，关于座位及门店相关的布置、色彩等都是影响翻台率的重要因素。

"不赶人"的海底捞——让人羡慕的翻台率

▶ 海底捞的高翻台率

翻台率和盈利息息相关。海底捞的盈利能力不俗，这与海底捞的高翻台率是分不开的（如图5-1所示）。张勇就曾说，他们的赚钱密码就是翻台率，"前一拨客人是赚不到钱的，他们都承担固定开销去了。而采用一些创举，把客人留下来之后，后面的一拨、两拨客人，翻台翻到后面毛利就接近于纯利了"。

▶ 等候服务提高翻台率

海底捞提高翻台率最大的神器就是能够让顾客等2个小时再用餐，所以我们看到，饭点时海底捞的等候区坐得满满的，这为任何一个空出的桌子提供了充足的客源。在整个用餐时段，没有桌子会处于空闲状态。当然，能够让顾客等2个小时本身就是海底捞神奇的地方。

▶ 24小时服务提高翻台率

为了提高翻台率，海底捞甚至将麦当劳、肯德基的24小时营业模式复制到了火锅店。目前，已经有29家海底捞火锅店是24小时营业。因为顾客愿意等待，延长营业时间又有客流，当然可以提高翻台率了。有数据显

第5章│数据回报："库存"充足的海底捞VS"赶人"的呷哺呷哺

示,海底捞一家火锅店生意好时,日翻台次数能达到7次之多。

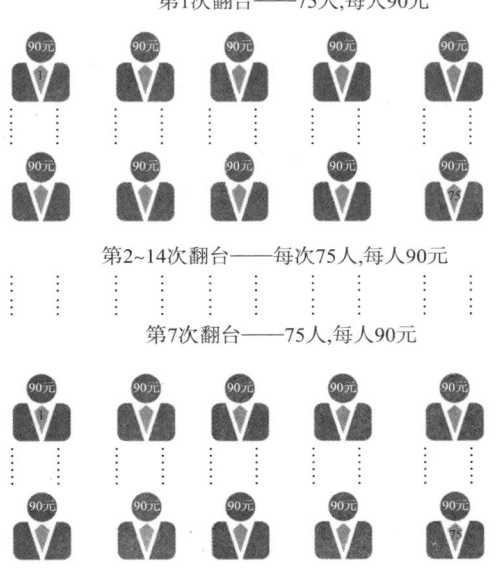

图 5-1　海底捞的高翻台率

▶ 高翻台率是消除短板的结果

　　海底捞的高翻台率关键就在于顾客愿意等,等上一两个小时都不在意,而愿意等是因为整个等待过程舒心。

"赶人"的呷哺呷哺：火锅颠覆者,超高翻台率怎么做到

▶ 呷哺呷哺的高翻台率

　　台湾人贺光启推出的"吧台式火锅"呷哺呷哺,在翻台率大幅"提速"的同时,让火锅成功加入快餐行列。在呷哺呷哺,每位顾客平均在店时间只有40分钟,其北京西单的分店曾创下一天2000位食客的客流量纪录。呷哺呷哺是怎么做到的?呷哺呷哺的高翻台率如图5-2所示。

▶ 店面布置提高翻台率

呷哺呷哺对传统火锅的颠覆，首先体现在店面布置上。U型线吧台式餐桌，配上单人的小火锅，让顾客在享受美食的同时，有一种聚众饕餮的幸福体验。此外，这种设计还使得他们的私密空间被悄悄压缩，与陌生人并排而坐，眼前还有服务生忙碌的身影，让人很难长时间边吃边聊，无形中缩短了用餐的时间。

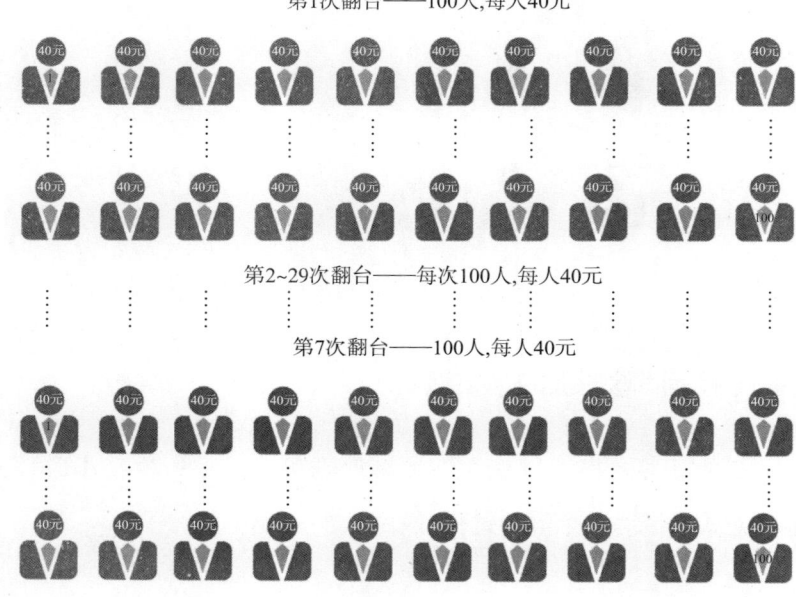

图 5-2　呷哺呷哺的高翻台率

▶ 音乐提高翻台率

呷哺呷哺播放明快的音乐让人自动提高了行动的节奏，自然加快了用餐速度，从而提高了翻台率。这一"坏招数"早就是零售业公开的秘密。在超市中，如果顾客较少时，通常会播放舒缓的音乐；而顾客集中时，则会放节奏很快的音乐让人不由自主地加快进度。

▶ 鲜亮色彩提高翻台率

呷哺呷哺还通过色彩来"赶人",鲜亮的橘色会让人产生焦躁心理,无形中加快了用餐速度。

▶ 单独用餐提高翻台率

单独用餐的消费者的数量代表着一家餐馆快餐化的程度。传统的火锅是不太可能一人去吃的,而通常只有在快餐店里才可能看到大量单独用餐的消费者。因此,贺光启把单独来吃火锅的人的数量,作为"火锅快餐化"改造成功与否的一个重要指标。为了吸引这些人,呷哺呷哺特意为他们推出了不同种类的套餐,即使一个人来吃火锅,也能满足他尝遍羊肉、蘑菇、蔬菜、丸子等各种美食的需求。渐渐地,在呷哺呷哺源源不断的客流中,单独用餐者光临的比例也越来越高。同时,单独用餐者无法与人聊天,无法久留,加快了用餐速度。

▶ 流程提高翻台率

随着火锅的快餐化,后台厨房如何才能够跟上快速更替的客流?唯有稳定运转的生产流程,才是让顾客"快进快出"的关键,所以核心问题还是运营流程的标准化。

呷哺呷哺给出的答案是,建立一个强大的中央厨房,加工调制食材的工作统统交由中央厨房完成。分店只需要一个具备"冷鲜"和"速热"两大功能的厨房即可。由于呷哺呷哺的店面大都是在租金较高、人流量足够大的大型购物中心或写字楼密集地区,一个小而轻便的厨房也是对店面成本的摊薄,而中央厨房的成本又可以通过店面数量的增加而不断摊薄。

▶ 选址提高翻台率

以往,呷哺呷哺的店面大都集中在人流如织的商场或是大卖场,目标客户也主要定位于年轻群体。如今，呷哺呷哺将目光瞄准了写字楼密集地区。不管怎么说，火锅本身的美味和快餐化的形式都能为吃惯了套餐盒饭的商务白领增添一种新的选择。"呷哺呷哺的竞争对手不是传统的火锅企业，而是整个快餐市场。"贺光启不断提醒着呷哺呷哺的身份。

▶ 高翻台率是控制短板的结果

正是因为呷哺呷哺控制了所有环节的木板，既没有短板也没有长板，每个顾客都在最短的时间内用好餐离开店，高翻台率就是必然的了。

要点回顾

海底捞最高日翻台次数能达到 7 次之多；呷哺呷哺每餐只要 40 分钟。不管赶人也好，留客也罢，海底捞和呷哺呷哺都在提高翻台率上取得了不俗成绩。

$$在店用餐顾客数 \times 单人消费额 = 每天收入 \times 每人在店时间$$

$$在店用餐顾客数 = 每天接待顾客数 \times 每人在店时间$$

每人在店时间和翻台率是一个硬币的两面，每人在店时间翻过来就是翻台率。所以，我们看到呷哺呷哺的在店时间短，所以翻台率高。

$$在店用餐顾客数（多）= 每天接待顾客数 \times 每人在店时间（短）$$

海底捞的在店时间长，可翻台率同样高，原因何在呢？

$$\begin{matrix}海底捞等候顾客数（多）\\ 海底捞等候空间（大）\end{matrix} = 顾客到达率 \times 每人等候时间（长）$$

由于海底捞留有很大的等位空间，在顾客等位的时候，提供了大量的服务，因此等候的顾客多。在海底捞，虽然顾客用餐时间更长，但是因为顾客愿意等待，所以只要海底捞的营业时间拉长，它的翻台率同样可以很高。

2. 高收入

海底捞收入高，因为价格高

▶ 提高平均库存

此处"库存"即是顾客。对任何一家销售型的企业门店而言，门庭若市总是好过无人问津，所以如果能有方法增加门店的顾客数量，企业将会求之不得。那么顾客是什么？顾客是有情感的人。如果仅仅是追求表面的热闹而不能将顾客转化为有效的消费者就是浪费资源。所以，为了将顾客进行有效转化，就需要采取一些必要的措施。

提高平均在店顾客人数需要对顾客具有吸引力，比如海底捞的"变态"服务，此举不光使顾客提高了消费率，还使得顾客心甘情愿地为高价买单。

▶ 海底捞高收入

2012年3月2日，四川拟上市公司和邦股份招股书首次揭开了其股东海底捞的家底：截至2011年底，海底捞净资产7.25亿元，净利润2.92亿元。

2.9亿元到底意味着什么呢？在当时A股上市的餐饮类企业并不多，只有全聚德、湘鄂情和西安饮食三家公司。与这三家公司相比，海底捞的赚钱能力要强大很多。全聚德的业绩快报显示，2011年公司的营业总收入

17.86亿元，同比增长33.34%；归属于上市公司股东的净利润1.29亿元，同比增长28.17%。对比净利润，海底捞相当于2.26个全聚德。

海底捞的盈利能力无疑是优异的，为何？且看众人如何"解剖"海底捞。

同行：锅底"清汤寡水"成本低，当然赚钱；

协会会长：集中采购和配送大大降低了成本；

食客：吃回火锅，送了三次毛巾，"太热情了"，该它赚钱；

员工：最高日翻台次数能达到7次之多，不赚才怪。

以海底捞的简阳店为例，与北京、上海的店铺相比，这里的店面规模很小，没有大厅，仅23个包间，30张桌子，能同时容纳200人左右用餐。

这样的店一天卖多少钱？据调查，平时简阳店一天能够翻两台，大概会有300人来店里吃饭；如果是节假日或者周末的时候，可以翻三到四次，一天的顾客能有600人左右，人均消费大概是70元。按照人均消费和客流量来粗略计算，简阳店每周的营业额大概在18万元，那么一年的营业额能达到900万元。

呷哺呷哺收入高，因为人流多

▶ 呷哺呷哺低价

呷哺呷哺一向坚持亲民路线，借用时髦广告语"我们做的是大众吃得起的火锅"。它的人均消费很低，但低价不一定就意味着低利润，呷哺呷哺的业绩表现一向良好。

在我们的印象里，低价可能就和价格战、恶性竞争之类的联系起来了，在呷哺呷哺却不然。长期低价也能使企业发展蒸蒸日上，这是为何？

第5章 | 数据回报:"库存"充足的海底捞VS"赶人"的呷哺呷哺

▶ 缩短周转时间获得高收入

呷哺呷哺低价而要获得高收入,就需要薄利多销。对餐饮企业来说,用餐时间相对固定,所以顾客的周转率就很重要,因此压缩顾客在店时间,就是低价餐厅获得高收入的不二法门。

海底捞与呷哺呷哺比较

由表 5-1 可知,海底捞与呷哺呷哺在店面面积相同、消费率相同的情况下,海底捞每位顾客消费必须到 80 元,才能达到呷哺呷哺每天 90000 元的消费额。由于海底捞的人工费用相对更高、空间利用率相对更低、服务种类相对更多、变动性更大,所以需要更高的消费率才能做到和呷哺呷哺同样的利润,这样就需要定更高的价格。

表 5-1 海底捞与呷哺呷哺要素对比

对比项	海底捞	呷哺呷哺
定价(消费价格)	高	低
理想人均消费(元)	75	30
时间(天)	1/15	1/30
库存(顾客数量)(人)	75	100
消费率(元/天)	90000	90000
实际人均消费(元)	90	40

呷哺呷哺的定价虽然比海底捞的定价低,但是它通过增加单位面积顾客数量(如同样的面积内呷哺呷哺有 100 个座位,而海底捞只有 75 个座位),减少顾客在店时间,在单位时间内服务更多的顾客,来实现提高消费率的目的。

对大众点评网数据统计分析后可知,海底捞与呷哺呷哺的人均消费分别为 90 元和 40 元,这也正好能够反映了综合各方面的因素之后,因为两家企业的定价策略不同而导致的人均消费差异。

对餐饮企业来说，想要在面积有限的店面获得更多的利润就需要对消费率和成本进行优化。

要点回顾

单店每天消费额＝在店顾客数×单人消费额÷每人用餐时间

在店用餐顾客数＝用餐面积÷单个顾客占用面积

单人消费额＝食物价格＋环境价格＋服务价格

每人在店时间＝等位时间＋点菜时间＋上菜时间＋煮菜时间＋吃菜时间＋等待服务的时间＋服务时间＋买单时间

单店每天消费额＝用餐面积÷单个顾客占用面积×（食物价格＋环境价格＋服务价格）÷（等位时间＋点菜时间＋上菜时间＋煮菜时间＋吃菜时间＋等待服务的时间＋服务时间＋买单时间）

结合上文对利特尔法则的分解分析，我们来看看是什么使得呷哺呷哺能够长期低价？是什么使得它的表现能够如此优异？

呷哺呷哺门店用餐面积＝店面总面积－等候空间（小）－服务员空间（小）

呷哺呷哺单店每天消费额＝用餐面积（利用率高）÷单个顾客占用面积（小）×［食物价格（低）＋环境价格（低）＋服务价格（低）］÷［等位时间（短）＋点菜时间（短）＋上菜时间（短）＋煮菜时间（短）＋吃菜时间（短）＋等待服务的时间（短）＋服务时间（短）＋买单时间（短）］

举例来说，平均一位顾客消费30元，店里平均有100名顾客。一天经营15小时，如果平均一位顾客待30分钟，就是1/30天。

呷哺呷哺每天消费额＝平均在店顾客数（100人）×平均单人消费额（每人30元）÷平均每人在店时间（30分钟＝1/30天）

呷哺呷哺每天消费额＝90000元

这样，一个门店的消费额为每天 90000 元。

海底捞门店的用餐面积 = 店面总面积 − 等候服务区(大) − 服务员空间(大) − 小料台空间(大) − 盛菜空间 − 卫生间空间

海底捞单店每天消费额 = 用餐面积(利用率低) ÷ 单个顾客占用面积(大) × [食物价格(高) + 环境价格(高) + 服务价格(高)] ÷ [等位时间(长) + 点菜时间(长) + 上菜时间(长) + 煮菜时间(长) + 吃菜时间(长) + 等待服务的时间(长) + 服务时间(长) + 买单时间(长)]

假设海底捞与呷哺呷哺有同样的店面面积，但是它只能容纳 75 名顾客，每名顾客平均待 1 小时（1/15 天）。

海底捞每天消费额 = 平均在店顾客数(75 人) × 平均单人消费额(每人 80 元) ÷ 平均每人在店时间(60 分钟 = 1/15 天)

海底捞每天消费额 = 90000 元

也就是说，海底捞平均每天每位顾客需要消费 80 元才能够达到呷哺呷哺每天 9 万元的消费额。

3. 简单的结果

从表5-2两家企业的对比结果来看,两家企业都实现了高收入,但是如果我们仅仅看到这一点就未免太过简单了。获得高利润是企业的目标,然而这个简单的目标如何和每一个细节相联系呢?这就是一件复杂的工作了。很多企业家都认为管理越简单越好。这是人的天性,谁不希望如此呢?然而要管理好一家企业,获得高额利润就不是那么简单了。或许有的企业就是一步一个脚印跟着感觉走,走出了符合科学规律的路子。但是如果能够有自我意识的主动设计岂不是更好,这是我们作为人的优势。

表5-2 海底捞与呷哺呷哺的结果分析

对比项	海底捞	呷哺呷哺
翻台率	较高	很高
价格	高	低
收入	高	高

| 第 6 章 |

"互联网+餐饮"

餐饮业的未来方向

"互联网 + 餐饮"是不可逆的趋势,是潮流。根据 2015 年《时代周刊》对互联网餐饮行业做的调查分析得出的年度榜单来看,众多的平台,包括点评、菜谱、团购、外卖等,为我们的"吃"提供了便利和丰富的途径,互联网餐饮以燎原之势在我们的生活中铺展开来。早在 2014 年,中国餐饮 O2O 的市场规模就接近千亿元,占餐饮行业比重的 3.5%。随着支付宝、微信等新的通信社交支付方式的普及,它更是以不可阻挡之势在蔓延,连麦当劳、肯德基等以收现金闻名的快餐巨头也纷纷加入这个行列中。随便动动手指,可供"吃货们"挑选的品种不要太多,而且各种优惠、团购也尽在掌握中。

"互联网 + 餐饮"不光给消费者带来了便利,也给餐饮企业带来了不可忽视的好处,如提高效率、降低成本及对管理方式带来的巨大变革等,让餐饮这个传统行业变得越来越时尚,越来越贴近我们的生活。

从已有的"互联网 + 餐饮"来看,互联网主要起到了一个信息传递的作用。也就是说,以前顾客需要到店里才能知道有哪些餐饮,也才能决定吃什么,但是现在顾客从网上就可以决定吃什么。对顾客来说,由于只需要在网上选择,其选择的余地就大了。对餐饮企业来说,虽然顾客选择的面宽了,但是每一家餐饮企业被关注的可能性也大了,因为在网上了解一家新的餐饮企业,比实际到店里可节省太多时间和精力了。因此互联网更加有利于竞争。

互联网不仅加强了信息传递,而且由于电商改变了传统的到店消费的习惯,越来越多的顾客选择送餐服务。可以说,送餐服务是"互联网 + 餐饮"在线下的特色,给企业运营带来了新的挑战。

1. 门店与送餐：聚客 VS 散客

传统餐饮——聚客

传统餐饮是把顾客聚集到店里，因此经营细节需要根据企业的战略定位来设计，如选择店址、确定餐厅面积、配备相当数量的服务人员、对服务流程进行合理的设计等，因此传统餐饮企业开店需要投入固定成本。顾客如果要到店中消费，基本上都会选择就近的餐厅，一般不会在路上花费太长时间，所以传统餐饮服务的顾客区域是有限的。

互联网餐饮——散客

▶ 省门店固定成本，增配送成本

互联网企业不需要把顾客聚集到店中来，而是为散居在各处的顾客提供送餐服务。这样互联网企业就不需要在门店投入太多的固定成本，甚至有的专做互联网餐饮的企业只需要建中央厨房就可以了。由于顾客不需要到店消费，所以每一个中央厨房都可以服务更大范围的顾客，不过为每一位散居的顾客送餐却增加了配送成本。

2. 核心卖点：服务 VS 火锅

海底捞推出了"Hi 捞送"，呷哺呷哺推出了呷哺呷哺小鲜品牌。据海底捞外送相关人士透露，目前海底捞外送月峰值订单量为 3 万~4 万单，按单价 450 元计算，一年的营收约 2 亿元。2016 年，海底捞外送的营业额是 2 亿元，而海底捞门店的营收是 70 亿元，外送占比 3% 都不到。因此，海底捞外卖还需要发展，模式也需要继续探索。

虽然说海底捞和呷哺呷哺都推出了外卖项目，但是它们仍然延伸了固有的战略定位。海底捞外卖仍然主打服务，而呷哺呷哺外卖仍然是便宜的火锅。

海底捞外卖的是服务

海底捞在经营传统门店的同时也提供送餐服务，它们不是将熟食送到顾客家里，而是把原材料、锅、调料送到顾客家中。它们会帮着顾客涮火锅，门店里能吃到的东西外卖都可以有，不仅赠送小菜和水果，甚至还有贴心的除味剂，还能提供甩面的表演。据体验过的小伙伴们说，那感觉棒极了。看起来，海底捞外卖仍然保持了其服务至上的理念。

有顾客 9 个人吃了 680 元的菜品，加上服务费 68 元（菜品的 10%）、配送费 73 元（12 元/千米×6.1 千米），一共花费 821 元，和门店的价格差不多。据了解，海底捞外送的订单均价大概是 450 元，配送范围最远可达 20 千米。超值服务背后，会收取餐费 10% 的服务费。

呷哺呷哺外卖的是火锅

呷哺呷哺小鲜品牌,外卖火锅的分量及价格与门店保持一致,每单仅需支付 8 元外送费。因此,我们看到呷哺呷哺外卖和门店一样,也没有什么服务。正是因为如此,除了多了配送费外,价格和门店一样。

3. 配送范围：大 VS 小

海底捞配送范围可以大一些

海底捞的配送范围最远可达 20 千米。其实和门店规划一样，海底捞的一个门店覆盖的面积要比呷哺呷哺大得多，就是顾客愿意花时间到较远的海底捞聚餐。同样，虽然海底捞推出外卖服务，其顾客群其实和门店的定位一样，多是为了聚餐享乐，愿意支付高价，所以高价格里包含了长距离的配送费用。

配送距离越长，覆盖的范围越大，单日的销量就会越多。如果服务员是按日计酬，那么小范围内不能获得足够订单的话，服务人员就可能闲置，从而造成浪费。所以，设置服务范围不仅要考虑配送成本，也要考虑销量。当然并不是说范围越大越好，而是要在两者之间做一个权衡，其目标就是利润最大化。

呷哺呷哺配送范围必须小

呷哺呷哺外卖服务一般是 2 千米配送范围，相比海底捞要小得多。原因也和门店定位一样，顾客仅仅是为了解决一顿饭，不愿意为此等待太长时间。所以，其配送时间很关键，呷哺呷哺门店配送时间普遍在 40～50 分钟，60 分钟是底线。

呷哺呷哺配送不会轻易漏掉一条街道。比如望京华彩和新一城两家店，店面都处于两块外送商圈的中心，所覆盖的 2 千米外卖范围之间无缝对接，共覆盖大概 10 万户的居民。

当然呷哺呷哺也不做重复街道的覆盖，它会通过实际测量，找到东、西、南、北方向配送都最优的店面。因此，基于这个原则，不一定所有呷哺呷哺门店都会有线上外卖。

4. 配送成本：高 VS 低

海底捞配送成本可以高一些

▶ 按千米收配送费

海底捞按千米收配送费，因为配送成本占比较高，在单价确定的情况下，核心就是配送距离。如果一个订单的价格是五六十元的话，其中人工成本占比已经超过30%了，配送1.5千米有盈利，2.5千米就可能无法盈利。但我们知道海底捞最远配送范围可以达到20千米，这样一来订单价格并不固定，关键是有没有顾客愿意为远距离配送付费。

▶ 用餐顾客数量是关键！

"我们的定位是将海底捞门店的服务延伸到众多场景中，譬如家庭聚餐、公司年会等。"海底捞外送的有关人士告诉记者。海底捞外送曾为京东500多名员工提供包席服务，整体费用据说有六七万元。海底捞外送为此出动了40多人进行服务，菜品都是冷藏车运输过去的。据了解，海底捞外送还接过800人、1000人的包席，最多的是一家房地产公司1600人的火锅包席服务。

对于这种人数众多的包席外卖，实际上距离完全不是问题，配送成本占比会随着顾客人数增加迅速下降。因此可以说，海底捞外送的定位应该是高端外卖市场，包席才是其特色。

呷哺呷哺配送成本必须低

▶ 外卖增加配送成本

前面我们看到,呷哺呷哺的配送成本是固定的,每单 8 元。这个定价相对较低,这其实是由呷哺呷哺的战略定位所决定的。呷哺呷哺的单价本来就较低,如果配送费用太高,吃一顿呷哺呷哺就太不划算了。

▶ 专属配送器具增加成本

火锅配送生食,因此对温度要求较高。呷哺呷哺有特制的外送箱:最底层是科技冰,然后依次按肉类、蔬菜、主食的顺序从下往上叠放,即使最炎热的天气,产品仍然能够保持良好状态。呷哺呷哺的外卖餐盒不仅保证高度的密封性,还可以重复使用,且外形设计能够保证羊肉卷不会因挤压而变形。另外,把餐盒设计成不同形状,可以避免外卖送单流程中出现错单现象。不过这些都会增加成本。

▶ 逆向物流增加成本

除了配送食材,呷哺呷哺小鲜还提供电磁炉和涮锅等器具供用户选择,用户只需在外卖平台交付一定的押金即可享受该项服务,外送员在顾客用餐结束后上门取回器具并退还押金。这种逆向物流也会增加成本。

▶ 控制配送距离尽量压缩配送成本

所以,呷哺呷哺必须短距离配送,否则配送成本太高,顾客也不愿意买单,就赚不到钱了。

5. 配送模式：自营 VS 外包

海底捞自己做配送

海底捞必须自己做配送。这是因为海底捞外卖仍然主打服务，服务人员必须到场，当然外卖就无法外包了。

呷哺呷哺配送外包

据说呷哺呷哺以往自己做配送时，时间普遍在 60 分钟以内，对接第三方配送后，平均每单可缩短 10～20 分钟。为什么呷哺呷哺必须外包配送呢？这是因为呷哺呷哺为了突出产品新鲜的优势，必须将配送控制在短时间内完成。如果自己配送，呷哺呷哺必须拥有庞大的配送团队，这样做是得不偿失的，因为订单是每天都会变化的，而且可能有很大的变化，那么可能就会存在有时候配送人员不够，有时候也大量闲置的情况。因此，选择专业的第三方配送团队就成为必然。

6. "互联网+"：数据是关键

"互联网+"不一定赚钱

有个说法，有些企业做"互联网+"，最后把自己加没了；而众多互联网的企业却开起实体店了。这是因为电商和实体店各有优劣。正如前面所说，实体店是聚客，电商是散客。聚客服务范围小，销量有限；散客服务范围大，销量大。但是实体店聚客不需要配送成本，而电商散客需要付出配送成本。对于大米、饮用水这种价格很低、体积大、分量重、配送成本很高的产品，如果顾客不愿意付高昂的配送费用，实体店可能是更好的选择。

回到餐饮企业，如果配送的是热食，时效性要求很高，因而配送距离必然受限，那么销量也会被限制，相比而言还是实体店更有优势。

"互联网+"的数据很重要

外卖虽然不一定挣钱，但是它所带来的客户消费数据将会成为巨大的财富。我们处在大数据时代，对诸如阿里巴巴和京东这样的大电商来说，最重要的财富就是消费数据。海底捞和呷哺呷哺通过积累这些数据能够持续分析顾客的消费习惯，不仅能够不断打造出符合顾客消费习惯的餐饮品类，还可以开发新的符合顾客消费习惯的业务。

第 7 章
火锅企业能教会你什么

1. 现代餐饮业首先是工业，其次才是服务业

既然餐饮不是小事，那我们应该如何看待餐饮业呢？

标准化以机器工业的发展、专业化协作及市场竞争为推力，是现代企业生产及运营的必然要求，是企业管理的基础和支柱。1911年美国人泰勒发表了《科学管理原理》，把标准化的方法应用到制定"标准时间"和"作业研究"上，开创了工业生产科学管理的新时代。可以说，现代生产及其他领域的迫切需要促进了标准化学科的发展；反之，没有标准化也就没有现代化生产。

美国人读懂了泰勒，所以诞生了福特的流水线；日本人读懂了泰勒，所以诞生了丰田生产方式。可以说，标准化促进了现代工业的腾飞。

麦当劳等快餐也具备了现代工业的标准。

细数过来，麦当劳的产品是有限的，产品的模样也是一样的。它们为什么如此？这都是现代工业标准化的产物。标准化的流水线生产出了标准化无差别的产品。也许您要问，这样好吗？答案是肯定的，好，而且是非常之好。标准化的生产有利于企业病毒式扩张，所以我们才能够看到，麦当劳已然成为世界500强，它的门店遍布世界各地，继续彰显着它的魅力，也彰显着标准化的魔力。

再来看看呷哺呷哺，它从"一人食"的小火锅店发展成火锅业中的翘楚，并且2014年在中国香港主板隆重上市。它成功的秘诀是什么？笔者认为这也得益于它的标准化经营。以工业化的思维经营餐饮业，让餐饮企业也有了令人惊异的表现。

2. 减少变动性措施

世界永远不变的法则是变，变是不可逆的。对企业而言，变动性的影响巨大，所以经营者一般都会有意识地降低企业变动性。且来看看海底捞和呷哺呷哺在这方面是如何做的。

呷哺呷哺的合并分析

▶ 产品合并

菜单上推荐拼盘套餐，可以帮助减少顾客需求的变动性。

呷哺呷哺有秘制酱料包，不需要顾客自己去调酱料，一方面，可以减少酱料方面的库存的变动性；另一方面，由于呷哺呷哺属于吧台式的布置，顾客可活动空间较小，这样可以免去顾客活动带来的不方便。而且，如果酱料包味道鲜美，也可以提升顾客对该火锅店的喜爱程度。

▶ 流程合并，延迟差异化

火锅店本身的经营模式是由顾客选择自己喜欢的汤底和菜品，由顾客自己通过涮锅的方式将食物加工熟。对火锅店的加工厨房来说，这本身就大大减少了食物的加工流程和时间，将最大的差异化留给顾客处理。员工只需要在后厨对食材进行简单的处理，这样大大减少了处理程序，缩短了上菜时间，进而缩短客人待在店里的时间，增加了客人的流动，使一定时间内招待的人数增加。

▶ 能力合并

观察发现,在呷哺呷哺用餐高峰期,几名看起来像管理岗的工作人员也参与招待客人的工作,这样可以大大节省人力资源,使每个员工发挥最大的作用,从而使成本降低。

▶ 提前期合并

呷哺呷哺首先建好中央厨房,将库存进行合并,大大降低了安全库存。同时,这种举措可以实现统一的大量采购,一方面可以降低采购成本;另一方面容易监控食材质量,进行标准化管理。

海底捞的合并分析

▶ 地点合并

海底捞开大店、少开店的做法实际上是应用地点合并的策略,类同于沃尔玛,这样可以把更大区域的顾客集中起来。这样做的好处是可以减少为同样数量顾客服务时所需要的食物库存量和服务员人数。

▶ 提前期合并

海底捞有专业的配送中心,从协议农户收购蔬菜,经过专业品控检验进入冷库,第二天这些蔬菜经过第二步检验进入全自动化的清洗甩干处理,经过检验后按照各分店需求量装箱进入冷库,然后由专门的消毒保鲜车运送到各个分店。这样可以减少安全库存,并实现统一的标准化管理,保证了食品质量。

▶ 流程合并,延迟差异化

海底捞严格完整的食物配送体系极大地简化了厨房的工作,工作人员只需将菜品拆箱、切片,按重量标准装盘上桌。和一般火锅店一样,差异化的部分在顾客的选择上。

3. 火锅王国的麦当劳与汉堡王

什么是汉堡？就是两片面包夹着不同食材组合而成的便捷食物。遍布全球的麦当劳是标准化的典型，而以个性化为突出特色的汉堡王也表现不俗。

麦当劳：标准化

▶ 麦当劳发展历程

肯德基和麦当劳遍地开花，汉堡王如何逆袭中国市场？

1990 年，麦当劳在深圳开设中国的第一家餐厅。

2005 年，汉堡王在上海静安区开出第一家店。

麦当劳比汉堡王早 15 年进入中国。2012 年，汉堡王只进入了中国沿海为数不多的十几个城市。但是到了 2013 年，这样的状况发生了大逆转。2013 年，汉堡王进入了超过 50 个城市，新开门店一百多家；2014 年，汉堡王开店的速度加快，在中国的门店数量已经迅速扩张到近 400 家。汉堡王的策略是：不拒绝去任何城市，目标也很清晰，从最核心的城市逐步下沉，同时增加城市的网店密度。

▶ 麦当劳的标准化

麦当劳壮大的秘诀是标准化。"标准化，每一个细节都坚持标准化，而且持之以恒地执行,才能保证成功!"麦当劳,从一家为过路司机提供餐饮的快餐店,迅速发展成全球有三万家连锁店的快餐龙头企业,世界500强之一。麦当劳的创始人雷·克洛克认为这就是他成功的关键。麦当劳通过在世界各地创建连锁店,进行快速有效的扩张。全球的任何一家麦当劳连锁店都可以为顾客提供相同质量、统一标准的食品、服务和用餐环境,也因此,麦当劳构筑了其独特的核心竞争力。麦当劳的经营模式能够成功复制输出、实现规模效益,标准化是其基础和前提。

汉堡王:个性化

汉堡王逆袭了,它的逆袭自有其发展壮大的秘诀,那就是个性化。

▶ 明星产品:风靡全球 57 年的传奇"皇堡"

全球的汉堡王一天卖出约 460 万个皇堡,相当于一分钟约卖出 3194 个皇堡。100% 火烤牛肉饼、新鲜的蔬菜以及独特的制作方式,令每一口都味道鲜美。

▶ 追求自我个性的汉堡王——美国人心目中真正的汉堡

在美国,汉堡王的招牌散布于各个角落,不论是大城市里、道路旁或是不经意的街坊转角,都可以发现汉堡王餐厅的踪影。如果问问美国人心目中真正的汉堡在哪里,答案八九不离十会是在汉堡王餐厅。追求自我个性的汉堡王更能满足美国人依个人喜好而增减的汉堡原料。汉堡王更是以"我选我味"命名。

▶ 1024 种皇堡(WHOPPER)的可能

可供选择的配料,是皇堡制作过程中体现"味觉个性"的关键法宝。

美味的蛋黄酱、新鲜的生菜、番茄、洋葱、酸黄瓜、番茄酱以及鲜嫩多汁的牛肉饼,根据每个人的口味喜好可以将这些配料任意组合,另外还有培根、芝士。1024 种的选择就是将这些精选的配料任意排列组合得出来的,可谓有趣、惊奇!

"我选我味"满足每个人不同的个性需求,这正是新一代消费者的生活理念和生活方式的写照。汉堡王的产品能令年轻人彰显个性,拥有别样的独特味道。这种吃出自我(HAVE IT YOUR WAY)的方式,甚至让您在点餐皇堡时可以有 1024 种可能。此外,"我选我味"的原则贯穿在汉堡王所有的操作服务中,这其中包括菜单制定、设计、商标使用布局等。在汉堡王,你所购买的都是你自己个性的声音。

不管是标准化还是个性化,都能帮助一家企业走向成功,关键是怎样把握好这个度,让截然相反的两种方式助力企业成长。

以此类比的话,可以说海底捞与呷哺呷哺是火锅王国的汉堡王与麦当劳。海底捞是以提倡个性化服务为主的火锅翘楚,呷哺呷哺是以标准化闻名的行业标杆。二者之中,不管哪一个,在餐饮行业都独树一帜。

| 第 8 章 |
百亿教训

餐饮连锁企业如何
制定扩张策略

第8章 | 百亿教训：餐饮连锁企业如何制定扩张策略

1. 海底捞关店300家，呷哺呷哺关店200家

"国民火锅"海底捞居然也扛不住了。2021年11月5日晚，海底捞在港交所发布公告，集团决定在2021年12月31日前逐步关停300家左右客流量相对较低及经营业绩不如预期的海底捞门店。海底捞直言："目前的苦果只能由我们自己一口一口咽下去。"海底捞执行董事兼副首席执行官杨利娟说：我们的愿景是要活下去。

2019年及2020年全年海底捞分别新开门店308家、544家。2021年上半年新增299家，算下来平均每天开1.5家门店。截至2021年6月30日，全球门店总数达1597家。关闭300家门店，按照每家80人计算（两班倒，领班+服务员+厨师等每班40人），一次性有24000位海底捞员工将陷入迷茫。

无独有偶，本书的另一个主人公呷哺呷哺也关店了。呷哺呷哺这种"一人一锅"的模式此前极为少见，再加上亲民价格，使得呷哺呷哺在2003年"非典"期间迅速崛起走红。2014年，公司登陆港交所上市，成为"火锅第一股"，一时间风头无两。然而好景不长，上市后的呷哺呷哺逐渐进入发展瓶颈期。公司净利润的增长越来越慢，增速从2015年的86.52%下跌到2018年的10%，2019年净利润更是首次出现负增长，同比下跌37.7%。受新冠肺炎疫情影响，2020年呷哺呷哺实现营收54.5亿元，同比下降9.5%，净利润相比2019年同期的2.9亿元，下降96%。呷哺呷哺股价较高点已然腰斩，跌幅逾63%，三个月内总市值蒸发180多亿港元。

呷哺呷哺 2017—2020 年门店总数分别为 759 家、934 家、1022 家和 1061 家。2016—2020 年，呷哺呷哺餐厅的翻台率分别为 3.4 倍、3.3 倍、2.8 倍、2.6 倍、2.3 倍。在巅峰时期，其部分门店的翻台率一度高达 7 倍。

过去开出超过千家门店的小火锅品牌呷哺呷哺，正在经历持续的亏损，为此呷哺呷哺不得不通过关闭 200 家门店，即总门店数量的五分之一的门店，以断臂求生。

2. 企业家知其成功，不知其所以成功

在前文我们提到了海底捞和呷哺呷哺的战略定位和与之相契合的核心资源。

海底捞的核心资源是员工

服务因人而变，不易标准化，完成服务的是服务员，所以对服务员应对变化的能力要求高。对于海底捞来说，服务员是它所有资源中最不容易获得的，需要找到合适的服务员，并进行很好的培训，关键是如何激发员工的热情，这对哪个企业而言都是难题。

从服务员一手干起的张勇明白：海底捞的生存离不开服务员。一个餐馆不论名气有多大或者装潢有多精美，客人从进店到离店，始终只跟服务员打交道，所以餐馆客人的满意度基本掌握在跑堂服务员手里。怎样才能服务好客人？那就需要服务员发自内心地去服务了。真诚的微笑总是让人觉得惬意，去过海底捞或许就有这样的感觉：服务员总是保持微笑，且是一种让人舒服惬意的微笑。

万丈高楼平地起，根基是让高楼稳固的基础，海底捞这座大厦的根基就是合格的服务员。张勇甚至一度不愿接受风投，因为觉得时机还没到。所谓的时机就是指能够满足扩张需要的合格服务员。如果根基不牢，海底捞就会消失得很快很彻底。

早在 2018 年，海底捞创始人张勇就表示，组织和人才问题，是自己担

忧的问题。然而，过去曾经"人间清醒"的他，为什么终究还是没能保持那份清醒，要为失误买单呢？

呷哺呷哺的核心资源是标准化流程

这样的问题同样发生在呷哺呷哺的创始人贺光启身上。

呷哺呷哺采用低成本战略，关键是标准化。

中餐最重要的环节是厨房，菜的口味依赖厨师，做菜过程复杂多变，所以中餐在吃饭高峰时期一个突出特点就是等候时间长。把中餐做成快餐实属不易，但是涮锅却有别于普通的中餐，因为它不依赖厨师的厨艺，也不需要复杂的过程，甚至比麦当劳等洋快餐的过程还简单。

传统火锅讲究热闹，一大桌人围桌而餐。呷哺呷哺则别开生面地将火锅定义为一人一锅的小型火锅，此时，不再是一桌人才能吃的火锅了。并且，人均消费也很低，仅30~40元。人均消费低，关键是要控制成本，所谓实施低成本战略，关键是标准化。

贺光启同样明白这样的道理。事实上，呷哺呷哺围绕低成本构筑了整个运营系统，但是面对市场诱惑和企业困境，他还是没有顶住压力，做出了错误决策。

其实这是我们很多企业家存在的共同问题，就是并不真正理解过去成功背后的真实逻辑。张勇明白服务员的重要性，贺光启明白标准化低成本的道理，但是并不明白这种重要性所建立的企业运营规律，就是本书所详细阐述的几十个细节背后的规律。就好比如果你不明白能量守恒原理，你真的可能相信永动机的存在。如果不明白本书所讲的运营规律，纵使张勇、贺光启这样成功的企业家也会犯战略错误。

3. 海底捞的服务员主要是筛选出来的

一直以来,"师徒制"都是海底捞在业界引以为傲的管理手段。根据公开的资料,作为师父的店长,薪酬除了基本薪金外,下面两个收入选项,他们可以二选一。

(1)其管理餐厅净利润的 2.8%;

(2)其管理餐厅净利润 0.4% + 徒弟餐厅数量 × 徒弟餐厅利润 3.1% + 徒孙餐厅数量 × 徒孙餐厅利润 1.5%。

这两者都指向同一件事,就是师傅一定要好好带徒弟。在这样的薪酬结构下,曾造就海底捞店长最高年薪 600 万元的财富神话。所以很多人认为海底捞的服务水平不全是培训出来的,更多的是激励出来的。

不管是培训还是激励对海底捞都很重要,但是培训过程实际上是一个筛选过程。培训只能解决技能和方法,人的内心想法和意识往往不是靠短期培训就能够解决的。就如同我们发现在北京擦鞋的基本都是江浙一带的人,这让人很不解。富裕的江浙人为什么还能干这个?这实际上就是人的意识问题。很多人觉得擦鞋是一种低贱活,拉不下脸来干这个活。

海底捞之所以能够把服务做好,和创始人张勇的性格密切相关。张勇是一个能够唾面自干的人,把服务做好再自然不过了。为什么其他餐饮企业无法复制海底捞的服务,因为其他餐饮企业的老板不是张勇。生活中能够做到唾面自干的人毕竟太少。大多数人都要面子,无法做到真正躬身为顾客服务。所以海底捞通过培训让员工和企业双向选择,有的员工肯定内心无法接受完全放下身段为顾客全心全意服务，就只能走人。

相反，呷哺呷哺对服务员的要求不高，绝大多数人通过培训都可以满足要求。

4. 餐饮的黏性与选址扩张

海底捞表示部分门店经营未达预期主要源于2019年开始的快速扩张策略。快速扩张使得部分新开门店选址不合理。有人分析指出，呷哺呷哺并没有良好的产品品质，顾客黏性也不强，是其在中国餐饮行业持续增长的背景下掉队的核心原因。那么餐饮是否有黏性呢？

餐饮企业实际上是没有黏性的，我们早在生活中就明白了这个道理。没有人愿意自始至终吃一个餐馆的菜，无论这个餐馆的菜多么好吃。所以我们看到某些地方，特别是居民小区附近的餐馆隔两年就换。家里买菜做饭的人常常发愁做什么菜，这是因为人在吃上面天然求变。吃是没有黏性的。

有黏性的产品很多，比如生活用品、聊天工具这些，人用习惯了就不愿意改变。其实海底捞可以建立顾客黏性，那就是提供特色服务，因为服务做好了，顾客体验好了，容易形成依赖性。因此如何把服务做得更到位，从而吸引顾客，让服务的旗帜永不倒，才是海底捞的制胜法宝。

由于餐饮没有黏性，所以选址和扩张就需要谨慎。没有黏性就不能无限扩张，即使某个地区只有一家餐馆，顾客也会吃厌。一般而言，餐饮企业需要和其他餐馆共存，让顾客有足够的选择。这也是餐饮企业扎堆的原因。餐饮企业扎堆能够给顾客足够的选择，才容易把顾客吸引过来。海底捞过于密集的门店布局容易演变成"同室操戈"。以海底捞北京六里桥店为例，在2019年开业前，方圆两千米范围内已经有了两家门店，而且这家店所在的商圈区位优势不强，导致客流量明显不足。翻台率在两年时间里下降近四成，说明海底捞的扩张策略出了问题，没有明白餐饮行业的选址逻辑。

此前为了快速扩张，呷哺呷哺在选址上背离了大众消费定位。贺光启提到，经过两个月的市场走访，发现部分门店出现了严重的选址错误。

由于呷哺呷哺类似于快餐，没有海底捞的服务，建立顾客黏性几乎不可能，所以选址就非常重要。一定要选在人流大的地方，这样才能保证每周，甚至几周内进店的顾客几乎都不一样。

5. 面对竞争,海底捞、呷哺呷哺应该改变战略吗

海底捞拼菜品,呷哺呷哺转型"轻正餐"

有分析称,以"极致服务"出圈的海底捞,最终还是要回到与其他火锅玩家拼菜品的赛道之上。36氪2019年《火锅行业研究及消费者研究报告》认为,菜品质量是消费者最为看重的消费评估因素,而餐厅服务的重要程度只排在第四位。一位接近海底捞的业内人士表示,海底捞的上新速度其实不慢,但真正让人记住的却不多。那么海底捞应该改变服务战略吗?

2017年6月,呷哺呷哺董事长贺光启在上海宣布新战略,表示将从"快餐"转型为"轻正餐",以"火锅+茶饮"组合来打造"火锅界中的星巴克"。

为了往精致化、休闲化转型,呷哺呷哺对品牌形象、产品结构、门店环境、服务模式等各要素都进行了调整和升级,以此来提升顾客体验和品牌认知。

对比呷哺呷哺新旧门店发现,最明显的是用餐桌位的变化,标志性的大U型吧台缩减,增加二人、四人桌位,并提供鸳鸯锅;同时增加产品线,不断引入更多优质食材,甚至还增加了现制茶饮;由服务员分配小料变为小料台提供近20种蘸料供顾客调配;餐厅环境升级为新中式轻奢风,锅具、器皿、摆盘等均增强了品质感。

一系列措施后，呷哺呷哺的客单价不断提升。数据显示，2020 年，呷哺呷哺餐厅的人均消费金额达到 63.2 元，同比增长 11.65%。在大众点评软件上，呷哺呷哺的人均价格更是升高到了 70～80 元。也就是从这个时候开始，呷哺呷哺变得不再是自己了。

那么呷哺呷哺这么做正确吗？

改变战略需要改变整个运营系统

不管是海底捞还是呷哺呷哺，都不应该改变它们已经成功的战略。

海底捞靠服务赢得口碑，获得声誉，这是它独特的优势，是区别于其他企业获得蓝海的关键之处。如果把重心放在菜品上，只会和其他餐饮企业同质竞争。张勇有一句话说得好：服务可以改变味道。实际上这和星巴克类似：星巴克一切与咖啡无关，星巴克卖的是体验。海底捞卖的也是服务，用星巴克的话说就是：一切与火锅无关。如果海底捞改变战略，就需要做出一系列改变。就如同其他企业无法复制海底捞一样，海底捞也无法复制其他企业。

曾几何时，呷哺呷哺凭借独创的吧台式小火锅模式，以及超高性价比，成为无数学生党、打工人的心头好。呷哺呷哺早期更偏向于低成本模式，吧台式小火锅的设计，能容纳更多顾客；同时顾客可以自己调节电磁炉、添加小料等，大部分工作都不需要服务员完成，节省了部分人力。在帮助其获得成功的因素中，低价的亲民路线无疑是不可忽略的。

不过，当呷哺呷哺对装修、菜品、服务，甚至一人一锅的模式不断进行调整升级时，价格越来越贵，没有得到消费者的认可，口碑与翻台率持续下滑。呷哺呷哺的门店平均翻台率从 2013 年 4.2 次/天降至 2020 年的 2.3 次/天。

一位消费者表示，以前在呷哺呷哺每顿仅花三四十元就能吃饱，但现在随便一个单人套餐就是六七十元，单点更贵，得人均八九十元。"我添三十块钱吃海底捞不好吗？"另一位消费者则表示，价格涨了但服务还是快餐店的标准，"餐具需要自取，还得先结账，这不还是快餐吗？"

贺光启表示，未来呷哺呷哺小火锅品牌将重回大众消费路线，客单价保持在60元以内。在此基础上，讲翻台、讲速度、讲频效，以创造最大价值。呷哺呷哺希望扭转在消费者心中的形象，希望消费者能重新认识到，"五六十块钱能吃一个非常精致的小火锅套餐"。

面对激烈竞争，呷哺呷哺该何去何从

呷哺呷哺之所以改变，和它面临的激烈市场竞争有很大的关系，一些新兴网红火锅品牌正在飞速跑马圈地。据媒体统计数据，2019—2020年，仅某明星的贤和庄火锅店就开了700多家分店。这些明星火锅店惊人的拓店能力，犹如"鲶鱼效应"里的那条鲶鱼，搅动了本就竞争激烈的火锅市场。此外，像鱼火锅、猪肚鸡火锅、潮汕牛肉火锅、路边串串等一些细分特色领域火锅的走红，也给行业未来的发展格局带来了很大的不确定性。2021年7月，巴奴毛肚火锅推出新品牌"桃娘下饭小火锅"，首家门店于北京长楹天街开业；2021年6月，日式快餐品牌吉野家在8城11家店推出自助小火锅；另外，和府捞面、老乡鸡等品牌也开始在店内上线小火锅菜品。

这些新玩家的价格定位，大多与呷哺呷哺相当。桃娘下饭小火锅的最高定价为29元，吉野家的自助小火锅价格在68元/人，和府捞面的小火锅菜品价格较高，在100元以上。方便快捷、性价比高曾是呷哺呷哺的优势，如今更多新玩家也因此吸引着大量消费者。

面对如此激烈的竞争，恐怕没有人能够坐得住。作为呷哺呷哺的管理者应该怎么办呢？其实理解了餐饮业的本质，呷哺呷哺是不必惊慌的。

海底捞 VS 呷哺呷哺
餐饮连锁企业经营模式的底层逻辑与扩张策略

首先，餐饮没有黏性的特点说明不仅仅是呷哺呷哺，其他小火锅都无法占领整个市场。其次，相对于其他特色小火锅，呷哺呷哺不是特色款，而是普通款，普通款在市场上是最具有生命力的，就好比麦当劳有多种汉堡，卖得最多的还是牛肉和鸡肉汉堡。所以呷哺呷哺有一定优势，但是要控制规模，不能无限扩张。

竞争不可怕，可怕的是面对竞争乱作为，盲目改变，不但不能扩大优势，甚至会丧失优势。

6. 运营逻辑终不变，以凑凑为例

企业的战略必须与运营的逻辑一致。德鲁克说：生产不是将工具应用在材料上，而是将逻辑应用在工作中。所以经营企业明白经营的逻辑非常重要。

呷哺呷哺的高端品牌——凑凑

2016 年 4 月，凑凑的首店开于北京三里屯，用高档的门店、装修、餐具，搭配高档的菜品，期望客单价指向 100 元以上，对标的是海底捞等高端火锅品牌，顾客群瞄准的则是购物中心里的都市白领。当人们在购物中心逛累了，凑凑则是一个可以歇脚、喝茶以及聚会吃火锅的地方。开业伊始，凑凑迅速成为消费者争相打卡的网红店铺，短短 5 年间开出 130 家门店，集团营收占比超过三成。

凑凑在追求火锅高端化的同时，也开辟了另一种营收来源——茶饮。凑凑总经理张振纬曾提到，他们对茶饮的利润寄予很大期望，茶饮不仅作为火锅之外的卖点，而且，外卖渠道只售卖茶饮。凑凑希望将茶饮的堂食和外卖数量做到 1∶1。

根据财报，2017 年，凑凑亏损超 2400 万元；2018 年，凑凑开始扭亏为盈，实现利润 6480 万元；2019 年，凑凑的营收已经占到总营收的 19.9%，达到 12 亿元。

在公司战略上，凑凑没有期待像呷哺呷哺一样快速地扩张，更偏向于在复制门店的同时,保持精细化运营。

新冠肺炎疫情带来的负面影响,已经让凑凑门店平均翻台率从2019年2.9次/天降至2020年的2.5次/天。中金公司研报估测,截至2021年5月,凑凑仅开店4家。

那么凑凑的战略定位与海底捞相同吗?显然不是,凑凑其实真正的竞争对手是其他较高端的火锅店。呷哺呷哺、海底捞和凑凑的战略对比见表8-1。凑凑的战略定位瞄准的是菜品的质量,不是海底捞的服务。顾客在凑凑享受的是高质量的菜肴,所以不像在海底捞享受服务,在店时间不会那么长;也不会像呷哺呷哺,仅仅为了吃饱肚子而匆匆忙忙。由于定位菜品,当然其核心资源就是如何实现菜品的高质量,一般餐饮的质量主要靠厨师的手艺,在火锅店体现厨师手艺的地方仅仅在锅底,所以厨师没有一般餐饮店那么重要,菜品原料的选择、采购、存储、运输才是关键因素。

为了吸引到足够的客流,扎堆选址仍然是必要的。顾客去高端餐饮店用餐大多还是为了请客聚会。请客聚会不是仅仅为了解决一顿饭的问题,远处的顾客也能到店消费,所以店面可以开得大一些,覆盖更大的区域。

表8-1 呷哺呷哺、海底捞和凑凑的战略对比

对比项	呷哺呷哺	海底捞	凑凑
战略选择	低成本	差异化	质量
具体形态	标准化	主动服务	高质量菜品
顾客在店时间	尽可能压缩	尽可能延长	居中
核心资源	流程	员工	菜品
门店选址	人流多的地点	扎堆	扎堆
目标顾客	用餐	聚会	聚会
餐厅面积和数量	小而多	大而少	大而少

凑凑这样的定位无法与海底捞直接竞争。从某种意义上来说,凑凑和海底捞、呷哺呷哺都不一样,它面对的竞争对手众多,因为大多数火锅店

都是把重心放在菜品上,这是一个红海市场。当然,即使是红海市场,只要比竞争对手做得好,同样可以赢得优势。这就需要围绕战略定位打造每一个细节。海底捞、呷哺呷哺和凑凑的运营细节对比见表8-2。

表8-2 海底捞、呷哺呷哺和凑凑的运营细节对比

序号	对比项	海底捞	呷哺呷哺	凑凑
1	后厨	复杂	简单	中
2	卫生间	五星级	无	公用卫生间
3	等候空间	很大	很小	中
4	服务空间	大	小	中
5	餐台布置	传统	吧台	传统
6	用餐空间	大	小	中
7	总空间利用率	小	大	中
8	餐厅面积	大	小	较大
9	餐厅数量	少	多	较少
10	服务种类	很多	很少	较少
11	服务响应时间	快	慢	中
12	服务员数量	多	少	中
13	服务员忙闲	相对闲	非常忙	中
14	色彩	暗	明亮	暗
15	餐具	陶瓷	塑料	陶瓷
16	小料	丰富	极少	中
17	饮品	很多	很少	中
18	菜单	复杂	相对简单	中
19	菜品	复杂	简单	中
20	点餐	慢	快	中
21	收银	餐后	餐中	餐后
22	清洁	多次热毛巾	1张纸巾	纸巾
23	交接班	复杂	简单	中
24	用餐时间	长	短	中

参考文献

[1] CAHAN S F. The effect of antitrust investigations on discretionary accruals: A refined test of the political-cost hypothesis [J]. Accounting Review, 1992: 77-95.

[2] CARNEY M, GEDAJLOVIC E. Vertical integration in franchise systems: Agency theory and resource explanations [J]. Strategic Management Journal, 1991, 12 (8): 607-629.

[3] COMBS J G, CASTROGIOVANNI G J. Franchisor Strategy: A Proposed Model and Empirical Test of Franchise Versus Company Ownership [J]. Journal of Small Business Management, 1994, 32 (2): 37-48.

[4] JAMBULINGAM T, NEVIN J R. Influence of franchisee selection criteria on outcomes desired by the franchisor [J]. Journal of Business Venturing, 1999, 14 (4): 363-395.

[5] 波特. 竞争战略 [M]. 北京: 华夏出版社, 1997.

[6] 曹伶燕. 跨国连锁餐饮企业在华经营模式研究 [D]. 上海: 上海外国语大学, 2012.

[7] 柴国君. 科学管理理论在中国现代餐饮连锁业中的价值分析 [J]. 中

国流通经济, 2008, 21 (12): 46-48.

[8] 陈凡. 海底捞文化——差异化服务 [J]. 商, 2013 (15): 81-81.

[9] 陈江, 杨梦遥. 餐饮业企业选址的实践研究——以Z餐厅为例 [J]. 江苏商论, 2012 (5): 31-34.

[10] 陈榕. 我国餐饮服务的研讨综述 [J]. 旅游纵览 (下半月), 2013 (6): 045.

[11] 成希祥. 中式快餐连锁发展的现状及趋势 [J]. 企业研究, 2013 (4): 30-31.

[12] [美] 戴维. 战略管理 (第10版) [M]. 北京: 经济科学出版社, 2006: 171-172.

[13] 冯邦彦. 企业定价策略和方法的探讨 [J]. 暨南学报 (哲学社会科学版), 1985 (3): 85-92.

[14] 龚其国. 精细化管理三定律 [M]. 北京: 北京理工大学出版社, 2012.

[15] 龚其国. 枪毙变动的流程 [J]. 商界 (评论), 2009 (12): 42-43.

[16] 龚其国. 做事的科学 [M]. 北京: 机械工业出版社, 2009.

[17] 郭晓枫, 郑玉香. 餐饮连锁企业物流配送模式研究 [J]. 物流科技, 2012 (11): 103-105.

[18] 韩爱明, 严易, 王波, 等. "足生堂": 做"足"连锁文章 [J]. 管理案例研究与评论, 2008, 1 (1): 40-52.

[19] 黄铁鹰, 梁钧平, 潘洋. "海底捞"的管理智慧 [J]. 哈佛商业评论, 2009 (4): 82-91.

[20] 黄铁鹰. 海底捞你学不会 [M]. 北京: 中信出版社, 2011: 132.

[21] 金建华. 百胜餐饮 (中国) 集团的多元化战略研讨 [D]. 成都: 西南交通大学, 2009.

[22] 金永生. 市场营销中企业定价的心理因素——兼论心理定价策略 [J]. 商业研究, 1987 (2): 38-40.

[23] 阚世华. 贺光启 小火锅的大梦想 [J]. 中国新时代, 2010 (4): 81-83.

[24] 黎传熙. 基于STP战略的中式餐饮连锁企业品牌塑造研究——以"真功夫"餐饮连锁企业为视角 [J]. 长春理工大学学报（社会科学版）, 2013 (3): 113-114.

[25] 李柏山. 浅谈餐饮企业品牌塑造中的广告诉求策略 [J]. 中国经贸导刊, 2010 (4): 93-93.

[26] 李飞, 刘会, 毕伟, 等. 火锅店稳定高速成长的定位地图——基于海底捞火锅店的案例研究 [J]. 中国零售研究, 2010, 2 (1): 108-151.

[27] 李雷, 张于贤. 供应链环境下VMI策略的研究 [J]. 大众科技, 2008 (1): 207-208.

[28] 李美姗. 呷哺呷哺的战略三步曲 [J]. 太原城市职业技术学院学报, 2009 (6): 44-46.

[29] 李琦, 李冰, 李玲. 海底捞：差异化竞争战略下的战略成本管理 [J]. 财务与会计（理财版）, 2012 (9): 23-25.

[30] 李清. 以"服务"颠覆餐饮传统经营模式——海底捞"以人为本"的企业文化 [J]. 商场现代化, 2013 (16): 50-51.

[31] 刘明. 我国餐饮业发展现状及其影响因素分析 [D]. 保定：河北大学, 2011.

[32] 刘宁. 餐饮连锁机构选址策略分析 [J]. 中国科技信息, 2009 (4): 190-191.

[33] 刘尚亮. 服务价格构成因素及定价策略研究 [J]. 价格理论与实践, 2011 (2): 81-82.

[34] 刘煜. 影响企业定价的因素分析 [J]. 中国经贸导刊, 2012 (2): 40-41.

[35] 吕波. 基于商圈发展动力机制的商业地产选址模式研究 [D]. 北

京：北京交通大学，2009.

[36] 马涛，马勇. 餐饮行业的"心服务"——以海底捞公司为例 [J]. 企业导报，2013（7）：123-124.

[37] [英] 马歇尔. 经济学原理 [M]. 北京：商务印书馆，1985：142.

[38] 赵博. 麦当劳：标准化管理的典范 [J]. 上海经济，2011（10）：32-34.

[39] 孟祥萌，高静，马洪伟. 基于顾客价值创造的竞争优势探究——以海底捞火锅店为例 [J]. 商场现代化，2010（7）：10-10.

[40] 苗海燕. 基于消费者剩余的餐饮业认知价值定价策略研究 [J]. 商业时代，2010（6）：18-19.

[41] 齐渊博. 中国餐饮为何缺少"巨无霸" [J]. 西部论丛，2008（1）：46-47.

[42] 唐瑛. 浅论产品定价的主要影响因素 [J]. 经营管理者，2011（20）：258-258.

[43] 陶一桃. "消费者剩余"与社会经济福利感 [J]. 学术研究，2006（4）：37-41.

[44] 王丹. 海底捞与呷哺呷哺运营模式对比研究 [D]. 北京：中国科学院大学硕士学位论文，2014.

[45] 王丹阳. 关于营销模式创新的探讨 [J]. 经营管理者，2011（11）：163-163.

[46] 王美. 四川餐饮产业竞争力研究 [D]. 成都：西南财经大学，2012.

[47] 王祥胜. 标准化：大生产革命 [J]. 理财，2009（6）：37-38.

[48] 乌仁娜. 如何进行连锁餐饮企业"百分百"门店选址 [J]. 商业文化月刊，2011（6）：176-178.

[49] 吴篁. 海底捞：服务创造价值 [J]. 中国商贸，2009（10）：24-25.

[50] 吴意晖，申其辉. 消费者剩余理论述评 [J]. 青海社会科学，2004

(2): 26 - 28.

[51] 夏晓云, 汪筱兰. 餐饮行业体验营销策略研究——以"海底捞"为例 [J]. 东方企业文化, 2012 (19): 224 - 224.

[52] 肖瑞力. 连锁中餐经营关键策略研究 [D]. 上海: 复旦大学, 2009.

[53] 徐千里. 企业营销模式的内涵、外延及再造 [J]. 商业时代, 2008 (24): 26 - 27.

[54] 徐晓红. 如何确立成熟产业的竞争优势 [J]. 经营与管理, 2002 (6): 17 - 19.

[55] 杨婧姝. 浅谈餐饮业的服务营销——以海底捞火锅店为例 [J]. 网络财富, 2008 (8): 116 - 116.

[56] 一帆. 成本领先战略提升你的核心竞争力 [J]. 科技与企业, 2010 (10): 23 - 25.

[57] 于干千, 张华伟, 董晋. 基于质量差距模型的中式餐饮产品质量管理——以火锅为例 [J]. 经济问题探索, 2007 (8): 149 - 152.

[58] 余佳, 柴亮. 消费者剩余问题研究 [J]. 对外经贸, 2010 (6): 95 - 96.

[59] 余涛. 火锅提速 [J]. 21世纪商业评论, 2010 (4): 26 - 26.

[60] 郁翔, 郁斌. 浅谈春秋航空公司的低成本策略 [J]. 网络财富, 2010 (16): 51 - 54.

[61] 郁翔, 郁斌. 浅谈春秋航空公司的低成本策略 [J]. 网络财富, 2010: 51 - 54.

[62] 喻见波, 白杨. 海底捞火锅核心竞争力模型分析 [J]. 商品与质量: 理论研究, 2012 (7): 40 - 40.

[63] 苑春晓. 精益生产在企业的应用研究 [D]. 天津: 天津大学, 2008: 15 - 17.

[64] 张静中. 餐饮企业提高顾客忠诚度的策略选择［J］. 商业经济与管理, 2005（10）: 74-79.

[65] 张夏. 现代中式餐厅的室内设计研究［D］. 杭州: 浙江农林大学, 2012.

[66] 张旭. 餐饮市场营销中需要层次理论应用探析［J］. 经济研究导刊, 2009（23）: 176-177.

[67] 张永, 张浩. 中国老字号企业连锁经营模式研究——以全聚德为例［J］. 管理学报, 2012, 9（12）: 1752-1760.

[68] 赵庚新. 台式服务"火"遍九州——服务业的"软实力"将为大陆台商开创下一个黄金十年［J］. 海峡科技与产业, 2011（2）: 18-23.

[69] 中国烹饪协会. 中烹协发布2012年度中国餐饮百强分析报告［J］. 中国商贸, 2013（19）, 34-35.

[70] 周慧, 胡湘菊. 休闲餐饮企业顾客忠诚培养研究——以"海底捞"为例［J］. 长沙大学学报, 2011, 25（1）: 34-35.

[71] 周志宏. 森林公园门票定价影响因素及模型研究［J］. 管理现代化, 2012（4）: 42-44.

[72] 朱宏鸣. 中天餐饮公司差异化聚焦策略研究［D］. 上海: 复旦大学, 2010.

[73] 朱霖. 餐饮连锁选址的10要素分析［J］. 现代营销（经营版）, 2009（3）: 54-54.